A força dos Salmos

TINA SIMÃO

A força dos Salmos

ALFABETO

© Publicado em 2014 pela Editora Alfabeto

Supervisão geral: Edmilson Duran
Revisão: Renan Papale e Luciana Papale
Capa: Rebeca Rasel
Diagramação: Décio Lopes

DADOS INTERNACIONAIS DE CATALOGAÇÃO NA PUBLICAÇÃO

Simão, Tina

A Força dos Salmos / Tina Simão | 3ª edição atualizada e reformulada São Paulo | Editora Alfabeto – 2020

ISBN: 978-65-87905-03-7

1. Salmos 2. Bíblia 3. Cura pela Fé I. Título

Todos os direitos reservados, proibida a reprodução total ou parcial por qualquer meio, inclusive internet, sem a expressa autorização por escrito da Editora Alfabeto.

A violação dos direitos autorais é crime estabelecido na Lei n. 9.610/98 e punido pelo artigo 184 do Código Penal.

EDITORA ALFABETO
Rua Protocolo, 394 | 04254-030 | São Paulo/SP | Tel: (11)2351-4168
editorial@editoraalfabeto.com.br | www.editoraalfabeto.com.br

Sumário

Introdução 7
Egrégora dos Salmos 9
Formas de uso dos Salmos 11
    Salmoterapia 11
    Corrente das Nove Horas Cheias 12
    Dias especiais para fazer pedidos 12
    Vinte e um dias mágicos 13

Os Anjos e os Salmos 15
    Terço do Anjo da Guarda 16
    Ritual para o Anjo da Guarda para alcançar uma graça 17
    Ritual para seu Anjo da Guarda 17
    Tabela dos 72 Anjos Cabalísticos 22
    Os 72 Anjos e seus Salmos 26

Relação dos 150 Salmos e seus usos 27
Glossário dos salmos 249
Bibliografia 253

Introdução

O Livro dos Salmos, com cento e cinquenta orações, é o coração do Antigo Testamento. É a grande síntese que reúne todos os temas e estilos dessa parte da Bíblia.

A palavra *salmo* quer dizer oração cantada e acompanhada por instrumentos musicais. Assim, na oração e no canto de Israel, podemos ver como a história, a profecia, a sabedoria e a lei penetraram na vida do povo e se transformaram em oração viva, marcada por todo tipo de situações pessoais e coletivas. Temos nos salmos um modelo de como a fé penetra na vida e um exemplo de como todas as situações podem se tornar oração.

Os salmos são também poesia, que é a forma mais apropriada para expressar os sentimentos diante da realidade da vida. É uma poesia permeada pelo mistério de Deus, o aliado que se compromete com o homem para com ele construir a história. É Deus participando da luta pela vida e pela liberdade.

As experiências de uma pessoa ou de um povo se tornam manifestações das experiências de outros grupos humanos. Dessa forma, os salmos são um convite a nos voltarmos com atenção para a vida e para história. Neles descobrimos o Deus sempre presente e disposto a se aliar e caminhar conosco na luta pela construção do mundo novo.

Os salmos pressupõem uma fé que nasce da história e constrói a história. Seu ponto de partida é o Deus libertador, que ouve o clamor do povo e se torna presente, dando eficácia à sua luta pela liberdade e pela vida. Por isso, os salmos são as orações que manifestam a fé que os pobres e oprimidos têm no Deus aliado.

Como esse Deus não aprova a situação dos desfavorecidos, o povo tem a prerrogativa de reivindicar seus direitos, denunciar a injustiça, resistir aos poderosos e até mesmo de questionar a própria Divindade. São orações que nos conscientizam e engajam na luta dentro dos conflitos, sem dar espaço ao pieguismo, ao individualismo ou à alienação.

Compostos e depois burilados pelo uso repetido, os salmos não se esgotam com a experiência do indivíduo que os criou, nem se restringem à história de um só povo. Ao contrário, estão sempre abertos para exprimir situações de outros povos e indivíduos, já que as estruturas das situações se repetem.

O Livro dos Salmos é um dos mais citados pelos escritores do Novo Testamento. O próprio Jesus Cristo os rezava e sua vida e ação trouxeram significado pleno para o sentido que essas orações já possuíam na vida de Israel. Depois dele, os salmos se tornaram a oração do novo povo de Deus, comprometido com Cristo para a transformação do mundo, em vista da construção do Reino.

Egrégora dos Salmos

"Onde houver dois ou mais em meu nome, aí eu estarei." Esta talvez tenha sido a primeira egrégora sugerida e criada por Jesus.

A palavra *egrégora* pode ser definida como "uma mente superior que nasce da fusão de duas ou mais mentes afinadas que trabalham e cooperam em harmonia, procurando atingir um objetivo único.

Egrégoras poderosas e atuais podem ser vistas a todo momento. A campanha contra a fome e o trabalho voluntário, em que mais e mais pessoas se prontificam a ajudar o próximo de alguma maneira e desinteressadamente são exemplos disso. Cria-se, assim, uma terceira mente (egrégora) poderosíssima, da qual muitos participam.

O fato de serem orações cantadas ou salmodiadas ao longo dos séculos, por milhares de pessoas, com a mesma intenção de cura e de prosperidade, visando a um objetivo positivo, torna os salmos uma forte e poderosíssima egrégora.

Quando um grupo de pessoas se reúne em meditação e oração com uma intenção comum, ou quando, individualmente, usa-se a mesma oração ou salmo com igual objetivo usado pelo grupo, cria-se uma forma-pensamento, ou egrégora, motivados pela intenção. Esse intento, aliado ao desejo sincero de todos, cria uma força dinâmica que se junta a todas as outras e são conduzidas a Deus e canalizadas para o bem comum ou para o objetivo real daquele salmo.

Por isso os salmos são considerados fontes de oração e de caminho ao Deus verdadeiro. Pela força colocada em cada intenção ao longo de séculos e séculos de orações e meditações, usando-se sempre as mesmas palavras, formou-se a egrégora positiva de cada salmo.

Salmodiar também é purificar a mente, a alma e o coração, conquistando seu objetivo.

Formas de uso dos Salmos

Salmoterapia

De autoria do Rei David, os salmos são declarações ritmadas que expressam a verdade e estão presentes entre o Antigo e o Novo Testamento. São 150 salmos que servem para curar, adquirir bens, amparar a família, proporcionar proteção, etc.

A forma correta de salmodiar é quase cantada e simples: primeiro, divida o salmo de 4 em 4 versículos, representando o Pai, o Filho, o Espírito Santo e os quatro elementos naturais: Terra, Fogo, Água e Ar. Depois leia como um mantra, combinações de palavras ritmicamente colocadas e verbalizadas, que acarretam vibrações e produzem o efeito esperado.

Os salmos podem variar de Bíblia para Bíblia, dependendo da tradução. Mas isso não importa tanto, já que foi formada uma egrégora e o que vale é a sua intenção. Acreditamos que a Bíblia que está com você não é por acaso, estas são as verdadeiras palavras que você precisa para aquele momento.

A força de uma oração é tão poderosa que até é capaz de provocar mudanças de cor na nossa aura, conforme nossa intenção.

A salmoterapia revelou-se um método eficiente porque materializa a energia espiritual, canalizando-a, como efeito curativo, de dentro para fora. Quando nos voltamos para os salmos, a energia que surge deles nos conduz à paz interior, na qual as desarmonias geradoras de patologias reais não encontram mais espaço. Quando um salmo é orado com fé e determinação, revela-se solução para qualquer problema.

Corrente das Nove Horas Cheias

Esta é uma corrente que facilita a resolução de casos urgentes, em que se precisa de solução imediata. Tenha discernimento e saiba quando utilizá-la com os salmos, pois as respostas que você terá poderão ser surpreendentes, além de imediatas.

Quando você precisar desta forma de trabalho, faça-o por até três dias seguidos, e não mais. Se a resposta à sua necessidade, ou pergunta, não aparecer durante o período em que você estiver praticando a Corrente das Nove Horas Cheias, aguarde até 21 dias para que seu pedido ou solicitação se defina e esclareça.

Como proceder: a cada hora cheia, leia em voz alta o salmo escolhido por nove vezes. Complete nove horas, no mesmo dia e sem interromper.

Exemplo: salmo 30 para descobrir inimigos ocultos. Se ele for lido nove vezes: primeiro às sete horas da manhã em ponto (sem minutos, isto significa hora cheia, observe pontualmente este horário); depois às oito horas, às nove horas em ponto, etc., até completar as nove horas cheias (você terminara seu pedido às quinze horas, se começar às sete horas da manhã).

Faça o mesmo procedimento por três dias seguidos. Esta corrente é bastante forte e costuma dar resultados, na maioria das vezes no mesmo dia. Observe o resultado e sinta se você deve continuar até três dias.

Dias especiais para fazer pedidos

Alguns dias do ano, devido ao forte acúmulo de energia da humanidade na direção de um único objetivo, revelam-se mais propícios do que os outros.

Por exemplo:

Ano-Novo: todos querem renovação de esperanças e dias melhores, e acreditam nisso; faça pedidos com o auxílio dos salmos para novos objetivos e sua concretização.

Dia de Reis: faça pedidos de prosperidade, espiritualidade e crescimento usando o salmo correspondente e a Corrente das Nove Horas Cheias.

Páscoa: faça pedidos de mudanças em qualquer tópico da sua vida, ou então, dê mais energia para enfrentar o cotidiano, lembrando que a Páscoa é símbolo de renascimento.

Dia do Trabalho: peça neste dia solidez ou elevação profissional, emprego ou trabalho. Use o salmo que mais lhe traz correspondência, segundo seu momento e sua necessidade.

13 de Maio: pedidos, através da leitura dos salmos, para se libertar de uma situação opressiva, seja por doença, condição financeira precária, obsessão, etc.

Dia das Mães: peça união familiar, paz e fertilidade.

Dia dos Namorados: pedidos de amor, de encontro da alma gêmea, de reconciliação, etc.

Dia da Independência: renovação da vida, tornar-se independente de algo ou de alguém, pedidos de maior liberdade de ação.

Natal: dia mágico que deveríamos incorporar o seu espírito a todos os dias do ano. Faça pedidos de amor, união, paz, espiritualidade ou qualquer outro que seu coração sinta necessidade. Procure o salmo mais adequado ao seu momento de vida e escolha um horário para ler seu salmo pelo menos nove vezes.

Vinte e um dias mágicos

Exatamente às 12 horas do dia 16 de dezembro, abre-se um portal mágico com forma de arco-íris, unindo a iminência do Ano-Novo ao sonho do Paraíso e ao Mundo do Encanto. É intenso o poder de magia que paira no ar durante os vinte e um dias desta abertura, permitindo que qualquer pessoa de bons sentimentos consiga posicionar-se magicamente, garantindo prosperidade, saúde e harmonia para o ano que está prestes a começar. Pode-se iniciar o ritual ou pedido em qualquer um desses dias, mas o ideal é acompanhar a abertura do portal mágico desde o primeiro dia. O encantamento termina às 12 Horas do Dia de Reis, impreterivelmente.

Ritual: elabore seus pedidos para o próximo ano e escreva-os em um papel branco, a lápis. As frases devem ser escritas no tempo presente; não use palavras negativas ao escrever seus pedidos, como por exemplo "não", "nunca", "jamais", "sem", etc. Escolha o salmo que mais tem a ver com os seus pedidos escritos (sugestões: salmo 23 e salmo 91); quando começar seu ritual, a partir do dia 16 de dezembro, todos os dias, no mesmo horário, coloque um copo de água filtrada no local onde você fará suas orações, leia seus pedidos três vezes, o salmo escolhido deve ser lido nove vezes; lembre-se de mentalizar a ajuda divina. Após a leitura, beba a água do copo e guarde seu papel, que deverá ser lido no outro dia. Faça o mesmo procedimento até o dia 6 de janeiro. Neste último dia, seu papel, no qual estão seus pedidos, deverá ser queimado, acendendo um fósforo. As cinzas devem ser sopradas ao vento.

Os Anjos e os Salmos

Cada anjo nos auxilia em diferentes áreas e, se relacionarmos os salmos aos anjos certos, será mais fácil conseguir ajuda para o que se quer. Mas o mais importante de tudo é ter fé nos poderes divinos. E como vivemos num mundo racional, fica difícil acreditar que coisas tão simples, como os salmos, podem nos dar uma vida mais digna e feliz. Tenha a mente aberta e conseguirá o que deseja.

Os salmos servem para chamar os anjos, e como têm poderes diferentes e qualidades particulares, podem ser usados para casos e pedidos específicos.

Antes de iniciar a leitura de um salmo, é preciso fazer da oração um ato rotineiro, pois assim nossas energias estarão sintonizadas com Deus. Alguns detalhes, no entanto, são importantes para realizar essas orações:

Concentração: procure ambientes calmos e silenciosos, sem qualquer interferência que possa atrapalhar seu contato com o mundo angelical e fixar suas ideias naquilo que deseja realizar.

Basta pedir: peça três vezes: fale seu pedido no tempo presente por três vezes; leia o salmo também três vezes; não é necessário ficar suplicando. Confie, pois Deus conhece nossos sentimentos e nossas necessidades.

Humildade: mente aberta e receptiva consegue mais fácil a conexão divina.

Crença no poder de Deus: isso é fundamental para que sua prece seja atendida; pense positivo no que deseja e faça o salmo com a certeza de que logo terá a resposta que necessita.

Serenidade: os salmos devem ser recitados em voz baixa, com um incenso aceso e sentindo a presença do som de suas palavras e sua vibração, fazendo com que você entre em contato com Deus.

Terço do Anjo da Guarda

Quando estiver precisando de ajuda angélica, faça uma sequência deste terço por sete, nove, vinte e um ou quarenta dias.

Tenha um pequeno terço com 10 contas. Segurando a medalha do terço diga a oração:

Santo anjo do Senhor, inspira-me;

Santo anjo do Senhor, protegei-me;

Santo anjo do Senhor, pedi por mim;

Santo anjo do Senhor, fortificai-me;

Santo anjo do Senhor, defendei-me;

Santo anjo do Senhor, ensinai-me.

Fale aqui seu pedido (sempre repetindo três vezes seguidas).

Em seguida repita 10 vezes em cada conta do terço (10 contas x 10 vezes cada conta).

Santo anjo do Senhor,

meu zeloso guardador,

se a ti me confiou a piedade divina,

sempre me rege, guarda,

governa e ilumina, amém.

Segurando a bolinha, entre a medalha e o crucifixo, depois que acabou de rezar todas as 100 vezes, fale novamente seu pedido (sempre repetindo o pedido três vezes seguidas) e a seguinte oração:

Santo anjo do Senhor, purificai-me;

Santo anjo do Senhor, amparai-me;

Santo anjo do Senhor, falai por mim;

Santo anjo do Senhor, dirigi-me;

Santo anjo do Senhor, iluminai-me;

Santo anjo do Senhor, governai-me.

Reze um Pai Nosso, uma Ave-Maria e um Glória ao Pai pelo seu anjo da guarda ou pelo anjo da guarda da pessoa para quem foi feita a oração, dizendo, neste momento, o nome da pessoa. Agradeça.

Ritual para o Anjo da Guarda
para alcançar uma graça

Um ritual segue uma linguagem simbólica para acessar outras dimensões ou estados de consciência. São praticados com objetivos de cura, trabalhos mágicos, épocas de crescimento, inspiração ou ideias.

Certos rituais podem ser praticados por uma única pessoa e costumam seguir um um padrão, criando-se primeiro o espaço sagrado ou local especial onde será praticado, para, na sequência, serem feitas as orações e a elevação da energia com determinado objetivo, finalizando com o agradecimento das bençãos recebidas e com a realização do pedido.

Um ritual nos liga às energias das mudanças que necessitamos. É um meio para nos alinharmos às energias do anjo escolhido. Quando repetimos um gesto durante determinado período de tempo, criamos uma egrégora que se unirá a outras egrégoras semelhantes, favorecendo a realização do pedido feito.

Ritual para seu Anjo da Guarda

Na Tabela dos 72 Anjos Cabalísticos encontramos cinco datas para cada Anjo Guardião. Procure fazer o seu ritual angélico numa dessas datas, quando a vibração e a energia do anjo está mais forte e próxima do seu protegido.

O ritual a ser feito deve ser sentido no seu coração. Pode ser o oferecimento de um poema, de flores, incensos ou velas, uma oração, ou o início de um terço ou novena, podendo também ser feito um pedido especial para seu Anjo Guardião. Porém, antes de pedir, lembre-se de agradecer por tudo que o mundo angélico, a mando de Deus, tem feito por você.

Material necessário para realização do Ritual

- Flores brancas (opcional)
- Folha de papale sulfite branca
- Fósforos
- Lápis
- Sete incensos de sua preferência
- Um copo com água para cada dia do seu pedido
- Uma vela branca de sete dias

Sequência do ritual

Procure o nome e o salmo do seu Anjo Guardião. Veja na relação dos salmos qual deles está de acordo com seu pedido. Escreva seu desejo a lápis, na folha de sulfite branca, usando tempo presente e afirmando seu pedido.

No dia e local escolhidos para início e realização do seu ritual, acenda a vela branca com o fósforo, elevando-a acima da sua cabeça e oferecendo ao seu anjo dizendo o nome dele três vezes seguidas. Deposite a vela num prato ou no porta velas e acenda o incenso, também com fósforo, depositando-o no incensário. Coloque ao lado da vela e do incenso um copo de água filtrada.

Leia a oração Junto aos Anjos (veja a seguir) e o salmo do seu Anjo Guardião, em voz alta, três vezes seguidas.

Na sequência, leia o salmo correspondente ao seu pedido, três vezes seguidas, e leia o pedido que está escrito na folha branca, também por três vezes seguidas.

Agradeça em voz alta, usando suas próprias palavras, o pedido realizado, e leia a oração final (veja a seguir).

Beba a água devagar, mentalizando a realização do seu pedido e deixe a vela acesa. Repita todo o processo até completar sete dias.

Finalizando o ritual

Os restos da vela que sobrarem após os sete dias do ritual devem ser depositados num jardim. O papel onde está escrito seu pedido deverá ser queimado após o término da vela e as cinzas sopradas ao vento.

Não coloque a vela em cima da geladeira; anjos nãos gostam de lugares frios. Não faça pedidos ou coloque a vela no banheiro.

Dependendo do pedido poderá haver a necessidade de continuar o ritual por 21 ou 40 dias, se for um pedido mais difícil de resolver.

Se quiser, durante suas orações, coloque uma música suave. Após as orações procure ficar em respeitoso silêncio por alguns instantes para dar oportunidade ao seu anjo de lhe passar alguma mensagem através de pensamentos, ideias ou lembranças.

No período de contato com o anjo, quando estiver fazendo algum pedido se, por acaso, você receber flores de alguém sem motivo aparente, o fato é considerado com um grande SIM angélico para a solução do pedido.

Junto aos anjos

Anjos ao amor, anjos da paz, apelamos a vós;
Anjos da beleza, anjos da misericórdia, vossa perfeição nos liberte.
Anjos da consolação do raio rosa, anjos da cura, vinde todos.
Anjos da bondade e da bem aventurança, estamos prontos a servir!

Anjos da sabedoria, da alegria e da vitória, apelamos a vós;
Anjos da verdade e da mestria, vossa iluminação nos liberte.
Anjos da compensação do raio dourado, anjos da benção, vinde todos.
Anjos da paz e da perfeição, estamos prontos a servir!

Anjos da lealdade, anjos do poder, apelamos a vós;
Anjos da firmeza, anjos da força da vontade divina, ó, libertai-nos.
Bem amado protetor do raio azul, anjos do servir, vinde todos.
Anjos da proteção, da unidade, estamos prontos a servir!

Anjos da liberdade, anjos do amor, apelamos a vós;
Anjos da misericórdia, do equilíbrio, vossa liberdade nos liberte.
Anjos do raio violeta e do perdão, vinde todos.
Anjos da justiça divina, estamos prontos a servir!

Anjos da vida, anjos da ascensão, apelamos a vós;
Anjos da chama verde, ouro e rubi, vossa superioridade nos liberte.
Anjos da pureza do raio branco, anjos do céu, vinde todos.
Anjos da perfeição divina, estamos prontos a servir.

Oração Final

Mensageiros de Deus, graças vos dou!
Eu (falar seu nome), peço que me mostreis os caminhos do amor, da paz e da harmonia.
Dá-me a vossa benção, preparando o meu espírito, a minha alma, o meu corpo e a minha mente para servir a Bondade Divina.
Que a humanidade possa sentir e transbordar amor.
Acabai com a violência e a maldade.
Orientai e curai os que precisam de um anjo curador, minorando seus sofrimentos e abrindo-lhes caminhos novos.
Dá o pão a quem tem fome e água a quem tem sede.
Dá aos governantes a humildade, a sabedoria, a consciência e a iluminação divina da prosperidade.

Fazei com que eu respeite a natureza em sua plenitude.

Orientai-me em minhas orações, em meus rituais para vossa invocação e na minha elevação ao Ser Supremo.

Ó Santos, Anjos e Arcanjos, unam-se a mim, ajudem-me, purifiquem-me.

Agradeço a Deus, Nosso Pai. Amém.

Salmos mais usados para fazer pedidos

- **Salmo** 8 – situação financeira estável.
- **Salmo** 13 – contra vícios e desânimo.
- **Salmo** 19 – harmonia e sucesso.
- **Salmo** 23 – confiança, purificação do pensamento, autoconhecimento.
- **Salmo** 26 – preservação do emprego.
- **Salmo** 28 – progressão financeira.
- **Salmo** 30 – proteção contra a negatividade e contra os traidores.
- **Salmo** 32 – para encontrar coisas perdidas.
- **Salmo** 39 – aprovação em testes e concursos.
- **Salmo** 41 – cura.
- **Salmo** 47 – para reconhecimento profissional.
- **Salmo** 64 – sucesso e fama para autores e escritores.
- **Salmo** 67 – para encontrar nova moradia.
- **Salmo** 69 - para resgatar dívidas.
- **Salmo** 74 – solução de um problema profissional conturbado.
- **Salmo** 84 – felicidade e estabilidade no emprego.
- **Salmo** 89 – serenidade em testes e exames, para conseguir boa colocação profissional.
- **Salmo** 91 – proteção.
- **Salmo** 98 – bons encontros pessoais e para serenar ambiente pessoal e profissional.
- **Salmo** 99 – contra depressão e angustia.
- **Salmo** 101 – fertilidade e harmonia familiar.
- **Salmo** 102 – perdão.

- **Salmo** 103 – amor.
- **Salmo** 111 – para atrair paz e felicidade.
- **Salmo** 114 – bons relacionamentos afetivos e casamento.
- **Salmo** 116 – ação de graças.
- **Salmo** 119 – contra ações destrutivas de forças negativas, harmonia familiar.
- **Salmo** 121 – solucionar questão financeira.
- **Salmo** 126 – saúde e prosperidade da família.
- **Salmo** 127 – trabalho, elevação de condição financeira, progresso social.
- **Salmo** 138 – agradecimento, para vencer momentos difíceis.
- **Salmo** 142 – alegria interior.
- **Salmo** 144 – agilizar admissão no emprego.
- **Salmo** 150 – louvor, agradecer os méritos recebidos.

Tabela dos 72 Anjos Cabalísticos

1ª Categoria Angélica – Serafins – Príncipe Metatron					
1º. Vehuiah	20/mar	1/jun	13/ago	25/out	6/jan
2º. Jeliel	21/mar	2/jun	14/ago	26/out	7/jan
3º. Sitael	22/mar	3/jun	15/ago	27/out	8/jan
4º. Elemiah	23/mar	4/jun	16/ago	28/out	9/jan
5º. Mahasiah	24/mar	5/jun	17/ago	29/out	10/jan
6º. Lelahel	25/mar	6/jun	18/ago	30/out	11/jan
7º. Achaiah	26/mar	7/jun	19/ago	31/out	12/jan
8º. Cahethel	27/mar	8/jun	20/ago	1/nov	13/jan

2ª Categoria Angélica – Querubins – Príncipe Raziel					
9º. Haziel	28/mar	9/jun	21/ago	2/nov	14/jan
10º. Aladiah	29/mar	10/jun	22/ago	3/nov	15/jan
11º. Lauviah	30/mar	11/jun	23/ago	4/nov	16/jan
12º. Hahaiah	31/mar	12/jun	24/ago	5/nov	17/jan
13º. Iezalel	1/abr	13/jun	25/ago	6/nov	18/jan
14º. Mebahel	2/abr	14/jun	26/ago	7/nov	19/jan
15º. Hariel	3/abr	15/jun	27/ago	8/nov	20/jan
16º. Hakamiah	4/abr	16/jun	28/ago	9/nov	21/jan

3ª Categoria Angélica – Tronos – Príncipe Tsapkiel					
17º. Lauviah	5/abr	17/jun	29/ago	10/nov	22/jan
18º. Caliel	6/abr	18/jun	30/ago	11/nov	23/jan
19º. Leuviah	7/abr	19/jun	31/ago	12/nov	24/jan
20º. Pahaliah	8/abr	20/jun	1/set	13/nov	25/jan
21º. Nelchael	9/abr	21/jun	2/set	14/nov	26/jan
22º. Ieiaiel	10/abr	22/jun	3/set	15/nov	27/jan
23º. Melahel	11/abr	23/jun	4/set	16/nov	28/jan
24º. Hahiuiah	12/abr	24/jun	5/set	17/nov	29/jan

4ª Categoria Angélica – Domínios – Príncipe Uriel					
25º. Nith-Haiah	13/abr	25/jun	6/set	18/nov	30/jan
26º. Haaiah	14/abr	26/jun	7/set	19/nov	31/jan
27º. Ierathel	15/abr	27/jun	8/set	20/nov	1/fev
28º. Seehiah	16/abr	28/jun	9/set	21/nov	2/fev
29º. Reiiel	17/abr	29/jun	10/set	22/nov	3/fev
30º. Omael	18/abr	30/jun	11/set	23/nov	4/fev
31º. Lecabel	19/abr	1/jul	12/set	24/nov	5/fev
32º. Vasariah	20/abr	2/jul	13/set	25/nov	6/fev

5ª Categoria Angélica – Potestades – Príncipe Camael					
33º. Iehuiah	21/abr	3/jul	14/set	26/nov	7/fev
34º. Lehahiah	22/abr	4/jul	15/set	27/nov	8/fev
35º. Chavakiah	23/abr	5/jul	16/set	28/nov	9/fev
36º. Menadel	24/abr	6/jul	17/set	29/nov	10/fev
37º. Aniel	25/abr	7/jul	18/set	30/nov	11/fev

Os Anjos e os Salmos ✺ 23

38º. Haamiah	26/abr	8/jul	19/set	1/dez	12/fev
39º. Rehael	27/abr	9/jul	20/set	2/dez	13/fev
40º. Ieiazel	28/abr	10/jul	21/set	3/dez	14/fev

6ª Categoria Angélica – Virtudes – Príncipe Raphael					
41º. Hahahel	29/abr	11/jul	22/set	4/dez	15/fev
42º. Mikael	30/abr	12/jul	23/set	5/dez	16/fev
43º. Veualiah	1/mai	13/jul	24/set	6/dez	17/fev
44º. Ielahiah	2/mai	14/jul	25/set	7/dez	18/fev
45º. Sealiah	3/mai	15/jul	26/set	8/dez	19/fev
46º. Ariel	4/mai	16/jul	27/set	9/dez	20/fev
47º. Asaliah	5/mai	17/jul	28/set	10/dez	21/fev
48º. Mihael	6/mai	18/jul	29/set	11/dez	22/fev

7ª Categoria Angélica – Principados – Príncipe Haniel					
49º. Vehuel	7/mai	19/jul	30/set	12/dez	23/fev
50º. Daniel	8/mai	20/jul	1/out	13/dez	24/fev
51º. Hahasiah	9/mai	21/jul	2/out	14/dez	25/fev
52º. Imamiah	10/mai	22/jul	3/out	15/dez	26/fev
53º. Nanael	11/mai	23/jul	4/out	16/dez	27/fev
54º. Nithael	12/mai	24/jul	5/out	17/dez	28/fev
55º. Mebaiah	13/mai	25/jul	6/out	18/dez	1/mar
56º. Poiel	14/mai	26/jul	7/out	19/dez	2/mar

8ª Categoria Angélica – Arcanjos – Príncipe Miguel					
57º. Nemamiah	15/mai	27/jul	8/out	20/dez	3/mar
58º. Ieialel	16/mai	28/jul	9/out	21/dez	4/mar
59º. Harahel	17/mai	29/jul	10/out	22/dez	5/mar
60º. Mitzrael	18/mai	30/jul	11/out	23/dez	6/mar
61º. Umabel	19/mai	31/jul	12/out	24/dez	7/mar
62º. Iahhel	20/mai	1/ago	13/out	25/dez	8/mar
63º. Anauel	21/mai	2/ago	14/out	26/dez	9/mar
64º. Mehiel	22/mai	3/ago	15/out	27/dez	10/mar

9ª Categoria Angélica – Anjos – Príncipe Gabriel					
65º. Damabiah	23/mai	4/ago	16/out	28/dez	11/mar
66º. Manakel	24/mai	5/ago	17/out	29/dez	12/mar
67º. Eiael	25/mai	6/ago	18/out	30/dez	13/mar
68º. Habuiah	26/mai	7/ago	19/out	31/dez	14/mar
69º. Rochel	27/mai	8/ago	20/out	1/jan	15/mar
70º. Jabamiah	28/mai	9/ago	21/out	2/jan	16/mar
71º. Haiaiel	29/mai	10/ago	22/out	3/jan	17/mar
72º. Mumiah	30/mai	11/ago	23/out	4/jan	18/mar

Os dias 31 de maio, 12 de agosto, 24 de outubro, 5 de janeiro e 19 de março pertencem ao domínio dos Gênios da Humanidade, ou seja, estas pessoas seriam representantes do Mundo Angelical na Terra. E por este motivo podem escolher o anjo que desejarem, ancorá-lo, e assumi-lo como seu Anjo Guardião.

Os 72 Anjos e seus Salmos

Anjos	Salmos	Anjos	Salmos	Anjos	Salmos
1º. Vehuiah	03	25º. Nith-haiah	09	49º. Vehuel	144
2º. Jeliel	21	26º. Haaiah	118	50º. Daniel	102
3º. Sitael	90	27º. Ierathel	139	51º. Hahasiah	103
4º. Elemiah	06	28º. Seehiah	70	52º. Imamiah	07
5º. Mahasiah	32	29º. Reiiel	53	53º. Nanael	118
6º. Lelahe	09	30º. Omael	70	54º. Nithael	102
7º. Achaiah	102	31º. Lecabel	70	55º. Mebahiah	101
8º. Cahethel	94	32º. Vasariah	32	56º. Poiel	144
9º. Haziel	24	33º. Iehuiah	93	57º. Nemamiah	113
10º. Aladiah	21	34º. Lehahiah	130	58º. Ieialel	06
11º. Lauviah	17	35º. Chavakiah	114	59º. Harahel	112
12º. Hahaiah	09	36º. Menadel	25	60º. Mitzrael	144
13º. Iezalel	94	37º. Aniel	70	61º. Umabel	112
14º. Mebahel	09	38º. Haamiah	90	62º. Iahhel	118
15º. Hariel	93	39º. Rehael	29	63º. Anauel	02
16º. Hekamiah	87	40º. Ieiazel	87	64º. Mehiel	32
17º. Lauviah	08	41º. Hahahel	119	65º. Damabiah	89
18º. Caliel	07	42º. Mikael	120	66º. Manakel	37
19º. Leuviah	39	43º. Veualiah	87	67º. Eiael	36
20º. Pahaliah	119	44º. Ielahiah	118	68º. Habuhiah	105
21º. Nelchael	30	45º. Sealiah	93	69º. Rochel	15
22º. Ieiaiel	120	46º. Ariel	144	70º. Jabamiah	91
23º. Melahel	120	47º. Asaliah	103	71º. Haiaiel	108
24º. Hahiuiah	32	48º. Mihael	97	72º. Mumiah	114

RELAÇÃO DOS 150 Salmos E SEUS USOS

✥ Salmo 1 ✥

Ajuda a obter êxito, bons resultados e a atrair e permanecer no bem; favorece o aconselhamento e a lealdade.

1 Bem-aventurado o homem que não anda segundo o conselho dos ímpios, nem se detém no caminho dos pecadores, nem se assenta na roda dos escarnecedores.

2 Antes tem o seu prazer na lei do Senhor, e na sua lei medita de dia e de noite.

3 Pois será como a árvore plantada junto a ribeiros de águas, a qual dá o seu fruto no seu tempo; as suas folhas não cairão, e tudo quanto fizer prosperará.

4 Não são assim os ímpios; mas são como a moinha que o vento espalha.

5 Por isso os ímpios não subsistirão no juízo, nem os pecadores na congregação dos justos.

6 Porque o Senhor conhece o caminho dos justos; porém o caminho dos ímpios perecerá.

O ato de orar deve ser tão natural quanto o de respirar.

༄ Salmo 2 ༄

Atenua o sentimento de revolta; proporciona harmonia familiar; tem poder curativo e traz proteção contra guerras e acidentes.

1 Por que conspiram as nações e os povos imaginam coisas vãs?

2 Os reis da Terra se levantam e os governos se reúnem contra o Senhor e contra o seu ungido, dizendo:

3 Rompamos as suas ataduras e sacudamos de nós as suas cordas.

4 Aquele que habita nos céus se rirá; o Senhor zombará deles.

5 Então lhes falará na sua ira, e no seu furor os confunde.

6 Eu, porém, ungi o meu Rei sobre o meu Santo Monte de Sião.

7 Proclamarei o decreto do Senhor. Ele me disse: Tu és meu Filho, eu hoje te gerei.

8 Pede-me, e eu te darei as nações por herança, e os fins da Terra por tua possessão.

9 Tu os esmigalharás com uma vara de ferro; tu os despedaçarás como a um vaso de oleiro.

10 Agora, pois, ó reis, sede prudentes; deixai-vos instruir, juízes da Terra.

11 Servi ao Senhor com temor, e alegrai-vos com tremor.

12 Beijai o Filho, para que se não ire, e pereçais no caminho, quando em breve se acender a sua ira; bem-aventurados todos aqueles que nele confiam.

Todo bem que faço hoje garante a minha felicidade de amanhã.

✨ Salmo 3 ✨

Bloqueia os inimigos; auxilia nas causas difíceis e pendentes; combate a aflição e atua na concretização de objetivos.

1 Senhor, como se têm multiplicado os meus adversários! São muitos os que se levantam contra mim.

2 Muitos dizem da minha alma: Não há salvação para ele em Deus. (Pausa)

3 Porém tu, Senhor, és um escudo para mim, a minha glória e o que exalta a minha cabeça.

4 Com a minha voz clamo ao Senhor, e Ele me responde do seu Santo Monte. (Pausa)

5 Eu me deito e durmo; acordo, porque o Senhor me sustenta.

6 Não temerei dez milhares de pessoas que se puseram contra mim e me cercam.

7 Levanta-te, Senhor; salva-me, Deus meu; pois feriste a todos os meus inimigos nos queixos; quebraste os dentes aos ímpios.

8 A salvação vem do Senhor; sobre o teu povo seja a tua bênção. (Pausa)

*Hoje e sempre invisto
no amor ao meu próximo.*

✒ Salmo 4 ✒

Combate a solidão, a angústia, a insônia e a calúnia;
protege contra traições e traz êxito financeiro.
(Oração noturna)

1 Ouve-me quando eu clamo, ó Deus da minha justiça, na angústia me
deste alívio; tem misericórdia de mim e ouve a minha oração.

2 Filhos dos homens, até quando convertereis a minha glória em infâmia?
Até quando amareis a vaidade e buscareis a mentira? (Pausa)

3 Sabei, pois, que o Senhor separou para si aquele que é piedoso; o Senhor
ouvirá quando eu clamar a ele.

4 Perturbai-vos e não pequeis; falai com o vosso coração na vossa cama,
e calai-vos. (Pausa)

5 Oferecei sacrifícios de justiça, e confiai no Senhor.

6 Muitos perguntam: Quem nos mostrará o bem? Senhor, exalta sobre
nós a luz do teu rosto.

7 Puseste mais alegria no meu coração do que a deles no tempo em que
se lhes multiplicam o seu trigo e o seu vinho.

8 Em paz também me deitarei e dormirei, porque só tu, Senhor, me fazes
habitar em segurança.

*Solidão não significa isolamento, mas, sim, um recolhimento para
encontrar a alma eterna que vive em nosso coração.*

Salmo 5

**Atende as nossas súplicas e traz proteção contra bandidos, crueldade, falsidade e conciliações gerais.
(Oração matutina)**

1 Dá ouvidos às minhas palavras, ó Senhor, atende à minha meditação.

2 Atende à voz do meu clamor, Rei meu e Deus meu, pois a ti orarei.

3 Pela manhã ouvirás a minha voz, ó Senhor; pela manhã apresentarei a ti a minha oração e vigiarei.

4 Porque tu não és um Deus que tenha prazer na iniquidade, nem contigo habitará o mal.

5 Os loucos não pararão à tua vista; aborreces a todos os que praticam a maldade.

6 Destruirás aqueles que falam a mentira; o Senhor aborrecerá o homem sanguinário e fraudulento.

7 Porém eu entrarei em tua casa pela grandeza da tua benignidade; e em teu temor me inclinarei para o teu Santo Templo.

8 Senhor, guia-me na tua justiça por causa dos meus inimigos; endireita diante de mim o teu caminho.

9 Porque não há retidão na boca deles; suas entranhas são verdadeiras maldades, sua garganta é um sepulcro aberto; lisonjeiam com sua língua.

10 Declara-os culpados, ó Deus; caiam por seus próprios conselhos; lança-os fora por causa da multidão de suas transgressões, pois se rebelaram contra ti.

11 Porém, alegrem-se todos os que confiam em ti; exultem eternamente, porquanto tu os defendes; e em ti se gloriem os que amam o teu nome.

12 Pois tu, Senhor, abençoarás ao justo; tu o circundas da tua benevolência como de um escudo.

Reconciliações harmônicas existem quando o amor vibra no coração, inspirando um ritmo perfeito entre o ser humano e o Divino.

∾ Salmo 6 ∾

Combate estados depressivos e todos os males referentes à saúde e protege contra os inimigos.

1 Senhor, não me repreendas na tua ira, nem me castigues no teu furor.

2 Tem misericórdia de mim, Senhor, porque sou fraco; sara-me, Senhor, porque os meus ossos estão em agonia.

3 Até a minha alma está em agonia. Até quando, Senhor, até quando?

4 Volta-te, Senhor, livra a minha alma; salva-me por teu constante amor.

5 Porque na morte não há lembrança de ti; no sepulcro quem te louvará?

6 Já estou cansado do meu gemido, toda a noite faço nadar a minha cama no choro; molho o meu leito com as minhas lágrimas,

7 Já os meus olhos estão consumidos pela mágoa, e têm-se envelhecido por causa de todos os meus inimigos.

8 Apartai-vos de mim todos os que praticais a iniquidade; porque o Senhor já ouviu a voz do meu pranto.

9 O Senhor já ouviu a minha súplica; o Senhor aceitará a minha oração.

10 Envergonhem-se e perturbem-se todos os meus inimigos; tornem atrás em repentina vergonha.

A energia amorosa, nutridora, está sempre disponível para curar qualquer mal-estar, através da sua luz transformadora.

✑ Salmo 7 ✑

Eleva os bens financeiros e as chances de vitória; combate a perseguição e traz êxitos sobre as dificuldades.

1 Senhor meu Deus, em ti confio; salva-me de todos os que me perseguem, e livra-me;

2 Para que ele não arrebate a minha alma, como leão, despedaçando-a, sem que haja quem a livre.

3 Senhor meu Deus, se eu fiz isso, se há perversidade nas minhas mãos,

4 Se paguei com o mal àquele que tinha paz comigo ou sem causa despojei o meu inimigo,

5 Persiga o inimigo a minha alma e alcance-a; calque aos pés a minha vida sobre a terra, e reduza a pó a minha glória. (Pausa)

6 Levanta-te, Senhor, na tua ira; levanta-te por causa do furor dos meus opressores; desperta-te, ó meu Deus, decreta a justiça.

7 Assim te rodeará o ajuntamento de povos; governa-os das alturas.

8 O Senhor julgará os povos; julga-me, Senhor, conforme a minha justiça e conforme a integridade que há em mim.

9 Tenha já fim a malícia dos ímpios; mas estabeleça-se o justo; pois tu, ó justo Deus, provas as mentes e os corações.

10 O meu escudo é de Deus, que salva os retos de coração.

11 Deus é juiz justo, um Deus que se ira todos os dias.

12 Se o homem não se converter, Deus afiará a sua espada; já tem armado o seu arco e está aparelhado.

13 E já para ele preparou armas mortais; e porá em ação as suas setas inflamadas contra os perseguidores.

14 Eis que ele está com dores de perversidade; concebeu trabalhos e produziu mentiras.

15 Cavou um poço e o fez fundo, e caiu na cova que fez.

Relação dos 150 Salmos e seus usos ✑ *35*

16 A sua obra cairá sobre a sua cabeça; e a sua violência descerá sobre a sua própria cabeça.

17 Eu louvarei ao Senhor segundo a sua justiça, e cantarei louvores ao nome do Senhor altíssimo.

Coloque-se no lugar do próximo,
assim poderá sentir o gosto de suas palavras.
Robson Alves

✑ Salmo 8 ✑

Promove ganhos em causas judiciais, situação financeira estável, proteção em doenças e para os animais e traz poder.

1 Ó Senhor, Senhor nosso, quão admirável é o teu nome em toda a Terra, pois puseste a tua glória sobre os céus!

2 Da boca de crianças e de bebês tiraste um louvor contra os teus adversários, para reprimir o inimigo e o vingador.

3 Quando vejo os teus céus, obra dos teus dedos, a lua e as estrelas que preparaste;

4 Que é o homem mortal para que te lembres dele? E o filho do homem, para que o visites?

5 Pois pouco menor o fizeste do que os anjos, e de glória e de honra o coroaste.

6 Fazes com que ele tenha domínio sobre as obras das tuas mãos; tudo puseste debaixo de seus pés:

7 Todas as ovelhas e bois, assim como os animais do campo,

8 As aves dos céus, e os peixes do mar, e tudo o que passa pelas veredas dos mares.

9 Ó Senhor, Senhor nosso, quão admirável é o teu nome sobre toda a Terra!

O poder vem da alma e tem o claro propósito de decidir pelo bem de todos os envolvidos em cada situação das nossas vidas.

❧ Salmo 9 ❧

Ajuda nos desvencilhamentos judiciais, na solução
de doenças incuráveis, na vocação,
na opressão e nas injustiças.

1 Eu te louvarei, Senhor, com todo o meu coração; contarei todas as tuas maravilhas.

2 Em ti me alegrarei e saltarei de prazer; cantarei louvores ao teu nome, ó Altíssimo.

3 Porquanto os meus inimigos retornaram, caíram e pereceram diante da tua face.

4 Pois tu tens sustentado o meu direito e a minha causa; tu te assentastes no tribunal, julgando justamente;

5 Repreendestes as nações, destruíste os ímpios; apagaste o seu nome para sempre e eternamente.

6 Os inimigos acabaram-se para sempre; e tu arrasastes as cidades, e a sua memória pereceu com elas.

7 O Senhor está assentado perpetuamente; já preparou o seu tribunal para julgar.

8 Ele mesmo julgará o mundo com justiça; exercerá juízo sobre povos com retidão.

9 O Senhor será também um alto refúgio para o oprimido; um alto refúgio em tempos de angústia.

10 Em ti confiarão os que conhecem o teu nome; porque tu, Senhor, nunca desamparaste os que te buscam.

11 Cantai louvores ao Senhor, que habita em Sião; anunciai entre os povos os seus feitos.

12 Pois quando inquire do derramamento de sangue, lembra-se deles: não se esquece do clamor dos aflitos.

13 Tem misericórdia de mim, Senhor, olha para a minha aflição causada por aqueles que me odeiam; tu que me levantas das portas da morte;

14 Para que eu conte todos os teus louvores nas portas da filha de Sião, e me alegre na tua salvação.

15 Os gentios enterraram-se na cova que fizeram; na rede que ocultaram ficou preso o seu pé.

16 O Senhor é conhecido pelo juízo que fez; enlaçado foi o ímpio nas obras de suas mãos. (Pausa)

17 Os ímpios serão lançados no inferno, e todas as nações que se esquecem de Deus.

18 Porque o necessitado não será esquecido para sempre, nem a esperança dos pobres perecerá perpetuamente.

19 Levanta-te, Senhor; não prevaleça o homem; sejam julgados os gentios diante da tua face.

20 Incute-lhes medo, Senhor, para que saibam as nações que são formadas por meros homens. (Pausa)

Hoje aproveito todo o meu tempo
para criar novos horizontes.

Salmo 10

Protege dos distúrbios da natureza; ajuda na relações comerciais; amplia oportunidades em negócios e combate a ambição desenfreada.

1 Por que estás ao longe, Senhor? Por que te escondes nos tempos de angústia?

2 Os ímpios na sua arrogância perseguem furiosamente o pobre; sejam apanhados nas ciladas que maquinaram.

3 Porque o ímpio gloria-se do desejo da sua alma; bendiz ao avarento e renuncia ao Senhor.

4 Pela altivez do seu rosto o ímpio não busca a Deus; em todas as suas cogitações não há lugar para Deus.

5 Os seus caminhos são sempre prósperos; as tuas leis estão acima dele, fora da sua vista; trato com desprezo os seus adversários.

6 Diz em seu coração: Não serei abalado, porque nunca me verei na adversidade.

7 A sua boca está cheia de imprecações, de enganos e de astúcia; debaixo da sua língua há malícia e maldade.

8 Põe-se de emboscada nas aldeias; nos lugares ocultos mata o inocente; os seus olhos estão ocultamente fixos sobre o pobre.

9 Arma ciladas no esconderijo, como o leão no seu covil; arma ciladas para roubar o pobre; rouba-o, prendendo-o na sua rede.

10 Encolhe-se, abaixa-se, para que os pobres caiam em suas fortes garras.

11 Diz em seu coração: Deus esqueceu-se, cobriu o seu rosto e nunca isto verá.

12 Levanta-te, Senhor. Ó Deus, levanta a tua mão; não te esqueças dos humildes.

13 Por que blasfema o ímpio de Deus, dizendo no seu coração: Tu não o inquirirás?

14 Tu o viste, porque atentas para o trabalho e à dor, para o retribuir com tuas mãos; a ti o pobre se encomenda; tu és o auxílio do órfão.

15 Quebra o braço do ímpio e do malvado; busca a sua impiedade, até que nada mais achares dela.

16 O Senhor é Rei eterno; da sua terra perecerão os gentios.

17 Senhor, tu ouviste os desejos dos mansos; confortarás os seus corações; os teus ouvidos estarão abertos para eles;

18 Para fazer justiça ao órfão e ao oprimido, a fim de que o homem da terra não prossiga mais em usar da violência.

Lembre-se de que todas as adversidades que surgem em sua vida como relâmpago, vêm para acordá-lo para algo.

✑ Salmo 11 ✑

*Eleva a fé e a coragem, ajuda no resguardo do lar
e da família, neutraliza o medo e a vaidade
e acalma os conflitos.*

1 No Senhor confio; como dizeis à minha alma: Fugi para a vossa montanha como pássaro?

2 Pois eis que os ímpios armam o arco, põem as flechas na corda, para com elas atirarem, às escuras, aos retos de coração.

3 Se forem destruídos os fundamentos, que poderá fazer o justo?

4 O Senhor está no seu Santo Templo, o trono do Senhor está nos céus; os seus olhos estão atentos e as suas pálpebras provam os filhos dos homens.

5 O Senhor prova o justo; porém ao ímpio e ao que ama a violência odeia a sua alma.

6 Sobre os ímpios fará chover brasas de fogo e enxofre; um vento tempestuoso; isto será a sua porção.

7 Porque o Senhor é justo, e ama a justiça; o seu rosto olha para os retos.

*Estou em harmonia com as Leis do Universo
e estou pleno de alegria, amor e abundância.*

Salmo 12

Extingue a mágoa, o desânimo e as frustrações;
purifica os pensamentos e ajuda nas atitudes sinceras.

1 Salva-nos, Senhor, porque faltam os homens bons; porque são poucos os fiéis entre os filhos dos homens.

2 Cada um fala com falsidade ao seu próximo; falam com lábios lisonjeiros e coração fingido.

3 O Senhor cortará todos os lábios lisonjeiros e a língua que fala soberbamente.

4 Pois dizem: Com a nossa língua prevaleceremos; são nossos os lábios; quem é senhor sobre nós?

5 Pela opressão dos pobres, pelo gemido dos necessitados me levantarei agora, diz o Senhor; porei a salvo aquele quem por eles suspiram.

6 As palavras do Senhor são palavras puras, como prata refinada em fornalha de barro, purificada sete vezes.

7 Tu os guardarás, Senhor; desta geração os livrarás para sempre.

8 Os ímpios andam por toda parte, quando o que é vil é honrado entre os filhos dos homens.

Agir com sinceridade
é saber respeitar nossos limites.

❧ Salmo 13 ❧

Elimina as tentações nocivas; combate a ausência de crença e o desânimo e ajuda a destruir vícios.

1 Até quando te esquecerás de mim, Senhor? Para sempre? Até quando esconderás de mim o teu rosto?

2 Até quando consultarei com a minha alma, tendo tristeza no meu coração a cada dia? Até quando se exaltará sobre mim o meu inimigo?

3 Atende-me, ouve-me, ó Senhor meu Deus; ilumina os meus olhos para que eu não adormeça na morte;

4 Para que o meu inimigo não diga: Prevaleci contra ele; e os meus adversários não se alegrem, vindo eu a vacilar.

5 Mas eu confio na tua benignidade; na tua salvação se alegrará o meu coração.

6 Cantarei ao Senhor, porquanto me tem feito muito bem.

Sou um ser iluminado e abençoado pelos anjos,
portanto, eu sou infinitamente feliz.

Salmo 14

Traz paz, tranquilidade, resignação e sensatez; busca efetiva do bem de outrem e proteção contra enganadores e caluniadores.

1 Disse o néscio no seu coração: Não há Deus. Têm-se corrompido, fazem-se abomináveis em suas obras, não há ninguém que faça o bem.

2 O Senhor olha desde os céus para os filhos dos homens, para ver se havia algum que tivesse entendimento e buscasse a Deus.

3 Desviaram-se todos e juntamente se fizeram imundos: não há quem faça o bem, não há sequer um.

4 Não terão conhecimento os que praticam a iniquidade, os quais comem o meu povo, como se comessem pão, e não invocam ao Senhor?

5 Ali se acharam em grande pavor, porque Deus está na geração dos justos.

6 Vós envergonhais o conselho dos pobres, porquanto o Senhor é o seu refúgio.

7 Oh! Se de Sião tivera já vindo a redenção de Israel! Quando o Senhor fizer voltar os cativos do seu povo, se regozijará Jacó e se alegrará Israel.

Hoje a minha meta é transmitir muita paz a todos que eu encontrar.

♪ Salmo 15 ♪

Afasta energias negativas; protege contra doenças; evita o ciúme e promove a verdade.

1 Senhor, quem habitará no teu tabernáculo? Quem morará no teu Santo Monte?

2 Aquele que anda sinceramente, e pratica a justiça, e fala a verdade no seu coração.

3 Aquele que não difama com a sua língua, nem faz mal ao seu próximo, nem contra ele aceita nenhuma afronta.

4 Aquele a cujos olhos o réprobo é desprezado; mas honra os que temem ao Senhor; aquele que jura com dano seu e, contudo, não muda.

5 Aquele que não dá o seu dinheiro com usura, nem aceita suborno contra o inocente. Quem faz isto nunca será abalado.

A verdade está ancorada em nossas vidas
quando permitimos o fluir da energia Divina.

ꙮ Salmo 16 ꙮ

Afasta vícios; estimula a intuição; clareia o pensamento; protege contra calamidades da natureza e traz segurança.

1 Guarda-me, ó Deus, porque em ti confio.

2 A minha alma disse ao Senhor: Tu és o meu Senhor, não tenho outro bem além de ti.

3 Mas aos santos que estão na Terra, são eles os ilustres em quem está todo o meu prazer.

4 As dores se multiplicarão àqueles que fazem oferendas a outro deus; eu não oferecerei as suas libações de sangue, nem tomarei os seus nomes nos meus lábios.

5 O Senhor é a porção da minha herança e do meu cálice; tu sustentas a minha sorte.

6 As linhas caem-me em lugares deliciosos: sim, coube-me uma formosa herança.

7 Louvarei ao Senhor que me aconselhou; até de noite o meu coração me ensina.

8 Tenho posto o Senhor continuamente diante de mim; por isso que ele está à minha mão direita, nunca vacilarei.

9 Portanto está alegre o meu coração e se regozija a minha glória; também a minha carne repousará segura.

10 Pois não deixarás a minha alma no inferno, nem permitirás que o teu Santo veja corrupção.

11 Tu me farás ver a vereda da vida; na tua presença há fartura de alegrias; à tua mão direita há delícias perpetuamente.

Quando estamos seguros dos nossos propósitos, o universo nos apoia, removendo barreiras e permitindo que a nossa luminosidade se manifeste.

Salmo 17

Afasta a ignorância e o orgulho; busca a salvação
eterna e a retidão; traz êxito para os negócios
e aprimora o talento pessoal.

1 Ouve, Senhor, a justiça; atende ao meu clamor; dá ouvidos à minha
oração, que não é feita com lábios enganosos.

2 Saia a minha sentença de diante do teu rosto; atendam os teus olhos à razão.

3 Provaste o meu coração; visitaste-me de noite; examinaste-me, e nada
achaste; propus que a minha boca não transgredirá.

4 Quanto ao trato dos homens, pela palavra dos teus lábios me guardei
das veredas do destruidor.

5 Dirige os meus passos nos teus caminhos, para que as minhas pegadas
não vacilem.

6 Eu te invoquei, ó Deus, pois me queres ouvir; inclina para mim os teus
ouvidos e escuta as minhas palavras.

7 Faze maravilhosas as tuas beneficências, ó tu, que livras aqueles que em
ti confiam dos que se levantam contra a tua destra.

8 Guarda-me como à menina do olho; esconde-me debaixo da sombra
das tuas asas.

9 Dos ímpios que me oprimem, dos meus inimigos mortais que me andam
cercando.

10 Na sua gordura se encerram, com a boca falam soberbamente.

11 Têm-nos cercado agora nossos passos; e fitam os seus olhos em nós
para nos derrubarem por terra;

12 Parecem-se com o leão que deseja arrebatar a sua presa, e com o
leãozinho que se põe em esconderijos.

13 Levanta-te, Senhor, detém-no, derruba-o, livra a minha alma do ímpio
com a tua espada;

14 Ó Senhor, com a tua mão, livra-me dos homens do mundo, cuja porção está nesta vida. Enche-lhes o ventre do teu tesouro oculto. Estão fartos de filhos e dão os seus sobejos às suas crianças.

15 Quanto a mim, contemplarei a tua face na justiça; eu me satisfarei da tua semelhança quando acordar.

A grande virada em minha vida só depende de minha ação.

Salmo 18

Estimula a crença, a confiança e o dom da escrita; fortalece a memória e livra da depressão e da tristeza.

1 E disse: Eu te amarei, ó Senhor, fortaleza minha.

2 O Senhor é o meu rochedo, e o meu lugar forte, e o meu libertador; o meu Deus, a minha fortaleza, em quem confio; o meu escudo, a força da minha salvação e o meu baluarte.

3 Invocarei o nome do Senhor, que é digno de louvor, e ficarei livre dos meus inimigos.

4 Tristezas de morte me cercaram e torrentes de impiedade me assombraram.

5 Tristezas do inferno me cingiram, laços de morte me surpreenderam.

6 Na angústia invoquei ao Senhor, e clamei ao meu Deus; do seu templo ouviu a minha voz, aos seus ouvidos chegou o meu clamor perante a sua face.

7 Então a terra se abalou e tremeu; e os fundamentos dos montes também se moveram e se abalaram; tremeram porque ele se indignou.

8 Das suas narinas subiu fumaça, e da sua boca saiu fogo que consumia; carvões se acenderam dele.

9 Abaixou os céus e desceu, e a escuridão estava debaixo de seus pés.

10 E montou num querubim, e voou; sim, voou sobre as asas do vento.

11 Fez das trevas o seu lugar oculto; o pavilhão que o cercava era a escuridão das águas e as nuvens dos céus.

12 Ao resplendor da sua presença as nuvens se espalharam em granizo e brasas de fogo.

13 E o Senhor trovejou nos céus, o Altíssimo levantou a sua voz; e houve granizo e brasas de fogo.

14 Mandou as suas setas, e as espalhou; multiplicou raios, e os perturbou.

15 Então foram vistas as profundezas das águas, e foram descobertos os fundamentos do mundo, pela tua repreensão, Senhor, ao sopro das tuas narinas.

16 Enviou desde o alto, e me tomou; tirou-me das muitas águas.

17 Livrou-me do meu inimigo forte e dos que me odiavam, pois eram mais poderosos do que eu.

18 Surpreenderam-me no dia da minha calamidade; mas o Senhor foi o meu amparo.

19 Trouxe-me para um lugar espaçoso; livrou-me, porque tinha prazer em mim.

20 Recompensou-me o Senhor conforme a minha retidão, retribuiu-me conforme a pureza das minhas mãos.

21 Porque guardei os caminhos do Senhor, e não me apartei impiamente do meu Deus.

22 Porque todos os seus juízos estavam diante de mim, e não rejeitei os seus estatutos.

23 Também fui sincero perante ele, e me guardei da minha iniquidade.

24 Assim que me retribuiu o Senhor conforme a minha retidão, conforme a pureza de minhas mãos perante os seus olhos.

25 Com o benigno te mostrará benigno; e com o homem sincero te mostrará sincero;

26 Com o puro te mostrará puro; e com o perverso te mostrará indomável.

27 Porque tu livrarás o povo aflito, e abaterás os de olhos altivos.

28 Porque tu acenderás a minha candeia; o Senhor meu Deus iluminará as minhas trevas em luz.

29 Porque contigo entrei pelo meio duma tropa, com o meu Deus saltei uma muralha.

30 O caminho de Deus é perfeito; a palavra do Senhor é pura; é um escudo para todos os que nele se refugiam.

31 Porque quem é Deus senão o Senhor? E quem é rochedo senão o nosso Deus?

32 Deus é o que me cinge de força e aperfeiçoa o meu caminho.

33 Faz os meus pés como os das cervas, e coloca-me em segurança nos lugares altos.

34 Ensina as minhas mãos para a guerra, de sorte que os meus braços quebraram um arco de cobre.

35 Também me deste o escudo da tua salvação; a tua mão direita me susteve, e a tua mansidão me engrandeceu.

36 Alargaste os meus passos debaixo de mim, de maneira que os meus artelhos não vacilaram.

37 Persegui os meus inimigos, e os alcancei; não voltei senão depois de os ter consumido.

38 Atravessei-os de sorte que não se puderam levantar; caíram debaixo dos meus pés.

39 Pois me cingiste de força para a peleja; fizeste abater debaixo de mim aqueles que contra mim se levantaram.

40 Deste-me também o pescoço dos meus inimigos para que eu pudesse destruir os que me odeiam.

41 Clamaram, mas não houve quem os livrasse; clamaram até ao Senhor, mas ele não lhes respondeu.

42 Então os esmiucei como o pó diante do vento; deitei-os fora como a lama das ruas.

43 Livraste-me das contendas do povo, e me fizeste cabeça dos gentios; um povo que não conheci me servirá.

44 Em ouvindo a minha voz, me obedecerão; os estranhos se submeterão a mim.

45 Os estranhos descairão, e terão medo nos seus esconderijos.

46 O Senhor vive; e bendito seja o meu rochedo, e exaltado seja o Deus da minha salvação.

47 É Deus que me vinga inteiramente, e sujeita os povos debaixo de mim;

48 O que me livra de meus inimigos; sim, tu me exaltas sobre os que se levantas contra mim, tu me livras do homem violento.

49 Assim que, ó Senhor, te louvarei entre os gentios, e cantarei louvores ao teu nome,

50 Pois engrandece a salvação do seu rei, e usa de benignidade com o seu ungido, com Davi, e com a sua semente para sempre.

A fé se revela quando nos abrimos
para a sabedoria e para o amor da nossa alma.

᠊᠊ Salmo 19 ᠊᠊

Harmoniza a relação conjugal; traz sorte e sucesso em novos empreendimentos; sintoniza o corpo e a mente e reforça a força de vontade.

1 Os céus declaram a glória de Deus e o firmamento anuncia a obra das suas mãos.

2 Um dia faz declaração a outro dia, e uma noite mostra sabedoria a outra noite.

3 Não há linguagem nem fala onde não se ouça a sua voz.

4 A sua linha se estende por toda a Terra, e as suas palavras até ao fim do mundo. Neles pôs uma tenda para o sol,

5 O qual é como um noivo que sai do seu tálamo, e se alegra como um herói a correr o seu caminho.

6 A sua saída é desde uma extremidade dos céus, e o seu curso até à outra extremidade, e nada se esconde ao seu calor.

7 A lei do Senhor é perfeita, e refrigera a alma; o testemunho do Senhor é fiel, e dá sabedoria aos simples.

8 Os preceitos do Senhor são retos e alegram o coração; o mandamento do Senhor é puro, e ilumina os olhos.

9 O temor do Senhor é limpo, e permanece eternamente; os juízos do Senhor são verdadeiros e justos inteiramente.

10 Mais desejáveis são do que o ouro, sim, do que muito ouro fino; e mais doces do que o mel e o licor dos favos.

11 Também por eles é admoestado o teu servo; e em os guardar há grande recompensa.

12 Quem pode entender os próprios erros? Expurga-me tu dos que me são ocultos.

13 Também da soberba guarda o teu servo, para que se não assenhoreie de mim. Então serei sincero, e ficarei limpo de grande transgressão.

14 Sejam agradáveis as palavras da minha boca e a meditação do meu coração perante a tua face, Senhor, Rocha minha e Redentor meu!

*Temos sucesso quando recebemos diretamente da alma
a orientação a ser seguida e agradecemos as dádivas da vida.*

⚘ Salmo 20 ⚘

*Apazigua a alma e o espírito; consola as perdas
de entes queridos; alcança o ato do
perdão e traz equilíbrio.*

1 O Senhor te ouça no dia da angústia, o nome do Deus de Jacó te proteja.

2 Envie-te socorro desde o seu santuário, e te sustenha desde Sião.

3 Lembre-se de todas as tuas ofertas, e aceite os teus holocaustos. (Pausa)

4 Conceda-te conforme ao teu coração, e cumpra todo o teu plano.

5 Nós nos alegraremos pela tua salvação, e em nome do nosso Deus arvoraremos pendões; cumpra o Senhor todas as tuas petições.

6 Agora sei que o Senhor salva o seu ungido; ele o ouvirá desde o seu santo céu, com a força salvadora da sua mão direita.

7 Uns confiam em carros e outros em cavalos, mas nós faremos menção do nome do Senhor nosso Deus.

8 Uns encurvam-se e caem, mas nós nos levantamos e estamos de pé.

9 Ó Senhor, salva o rei! Ouça-nos quando clamarmos.

*Quando sabemos nos perdoar, aprendemos a aceitar
cada pessoa como ela é, perdoando aqueles que nos magoaram.*

Salmo 21

Traz proteção para doenças graves e sofrimentos intensos, lealdade e fidelidade entre casais e recompensação.

1 O rei se alegra em tua força, Senhor; e na tua salvação grandemente se regozija.

2 Cumpriste-lhe o desejo do seu coração, e não negaste as súplicas dos seus lábios. (Pausa)

3 Pois vais ao seu encontro com as bênçãos de bondade; põe na sua cabeça uma coroa de ouro fino.

4 Vida te pediu, e tu lhe deste, mesmo lonjura de dias para sempre e eternamente.

5 Grande é a sua glória pela tua salvação; glória e majestade puseste sobre ele.

6 Pois o abençoaste para sempre; tu o enches de gozo com a tua presença.

7 Porque o rei confia no Senhor, e pela misericórdia do Altíssimo nunca vacilará.

8 A tua mão alcançará todos os teus inimigos, a tua mão direita alcançará aqueles que te odeiam.

9 Tu os farás como um forno aceso, no tempo da tua ira; o Senhor os devorará na sua indignação, e o fogo os consumirá.

10 A sua posteridade destruirás da terra, e a sua semente dentre os filhos dos homens.

11 Porque intentaram o mal contra ti; maquinaram um ardil, mas não prevalecerão.

12 Assim que tu lhes farás voltar as costas; e com tuas flechas postas nos arcos lhes apontarás ao rosto.

13 Exalta-te, Senhor, na tua força; então cantaremos e louvaremos o teu poder.

Irradie alegria onde estiver,
contagie a todos com sua felicidade.

༒ Salmo 22 ༒

Atrai responsabilidade e independência; alcança metas; favorece uma boa viagem e atenua o desespero.

1 Deus meu, Deus meu, por que me desamparaste? Por que estás tão longe do meu auxílio e das palavras do meu bramido?

2 Deus meu, eu clamo de dia, e tu não me ouves; de noite, e não tenho sossego.

3 Porém tu és Santo, tu que habitas entre os louvores de Israel.

4 Em ti confiaram nossos pais; confiaram, e tu os livraste.

5 A ti clamaram e escaparam; em ti confiaram, e não foram confundidos.

6 Mas eu sou verme, e não homem, opróbrio dos homens e desprezado do povo.

7 Todos os que me veem zombam de mim, estendem os lábios e meneiam a cabeça, dizendo:

8 Confiou no Senhor, que o livre; livre-o, pois nele tem prazer.

9 Mas tu és o que me tiraste do ventre; fizeste-me confiar, estando aos seios de minha mãe.

10 Sobre ti fui lançado desde a madre; tu és o meu Deus desde o ventre de minha mãe.

11 Não te distancies de mim, pois a angústia está perto, e não há quem ajude.

12 Muitos touros me cercaram; fortes touros de Basã me rodearam.

13 Abriram contra mim suas bocas, como um leão que despedaça e que ruge.

14 Como água me derramei, e todos os meus ossos se desconjuntaram; o meu coração é como cera, derreteu-se no meio das minhas entranhas.

15 A minha força se secou como um caco, e a língua se me pega ao paladar; e me puseste no pó da morte.

16 Pois me rodearam cães; o ajuntamento de malfeitores me cercou, traspassaram-me as mãos e os pés.

17 Poderia contar todos os meus ossos; eles veem e me contemplam.

18 Repartem entre si as minhas vestes, e lançam sortes sobre a minha roupa.

19 Mas tu, Senhor, não te distancies de mim. Força minha, apressa-te em socorrer-me.

20 Livra a minha alma da espada, e a minha vida da força do cão.

21 Salva-me da boca do leão; livra-me dos chifres dos bois selvagens.

22 Então declararei o teu nome aos meus irmãos; louvar-te-ei no meio da congregação.

23 Vós, que temeis ao Senhor, louvai-o; todos vós, semente de Jacó, glorificai-o; e temei-o todos vós, semente de Israel.

24 Porque não desprezou nem abominou a aflição do aflito, nem escondeu dele o seu rosto; antes, quando ele clamou, o ouviu.

25 O meu louvor será de ti na grande congregação; pagarei os meus votos perante os que o temem.

26 Os mansos comerão e se fartarão; louvarão ao Senhor os que o buscam; o vosso coração viverá eternamente.

27 Todos os limites da Terra se lembrarão, e se converterão ao Senhor; e todas as famílias das nações adorarão perante a tua face.

28 Porque o reino é do Senhor, e ele domina entre as nações.

29 Todos os que na Terra são gordos comerão e adorarão, e todos os que descem ao pó se prostrarão perante ele; e nenhum poderá reter viva a sua alma.

30 A posteridade o servirá; falar-se-á do Senhor a cada geração.

31 Chegarão e anunciará a sua justiça ao povo que nascer, porquanto ele o fez.

Espero sempre o melhor de mim mesmo.

✀ Salmo 23 ✀

Purifica o pensamento; protege contra calúnias
e maledicências; eleva o autoconhecimento
e traz confiança.

1 O Senhor é o meu pastor, nada me faltará.

2 Deitar-me faz em verdes pastos, guia-me mansamente a águas tranquilas.

3 Refrigera a minha alma; guia-me pelas veredas da justiça, por amor do seu nome.

4 Ainda que eu andasse pelo vale da sombra da morte, não temeria mal algum, porque tu estás comigo; a tua vara e o teu cajado me consolam.

5 Preparas uma mesa perante mim na presença dos meus inimigos, unges a minha cabeça com óleo, o meu cálice transborda.

6 Certamente que a bondade e a misericórdia me seguirão todos os dias da minha vida; e habitarei na casa do Senhor por longos dias.

Ao permitir que a luz da alma flua pelo nosso ser,
seremos mais e mais confiantes nas ações do dia a dia.

Salmo 24

*Conserva a boa amizade e a serenidade,
reconcilia laços afetivos e eleva a autoestima
e o poder de decisão.*

1 Do Senhor é a Terra e a sua plenitude, o mundo e aqueles que nele habitam.

2 Porque ele a fundou sobre os mares, e a firmou sobre os rios.

3 Quem subirá ao monte do Senhor, ou quem estará no seu lugar santo?

4 Aquele que é limpo de mãos e puro de coração, que não entrega a sua alma à vaidade, nem jura enganosamente.

5 Este receberá a bênção do Senhor e a justiça do Deus da sua salvação.

6 Esta é a geração daqueles que buscam, daqueles que buscam a tua face, ó Deus de Jacó. (Pausa)

7 Levantai, ó portas, as vossas cabeças; levantai-vos, ó entradas eternas, e entrará o Rei da Glória.

8 Quem é este Rei da Glória? O Senhor forte e poderoso, o Senhor poderoso na guerra.

9 Levantai, ó portas, as vossas cabeças, levantai-vos, ó entradas eternas, e entrará o Rei da Glória.

10 Quem é este Rei da Glória? O Senhor dos Exércitos, ele é o Rei da Glória. (Pausa)

Aqueça o seu coração com a energia pura do amor.

⁓ Salmo 25 ⁓

Traz revelação e sucesso rápido na realização dos desejos; localiza desaparecidos e protege contra injustiças, ofensas e insultos.

1 A ti, Senhor, elevo a minha alma.

2 Deus meu, em ti confio, não me deixes confundido, nem que os meus inimigos triunfem sobre mim.

3 Na verdade, não serão confundidos os que esperam em ti; confundidos serão os que transgridam sem causa.

4 Faze-me saber os teus caminhos, Senhor; ensina-me as tuas veredas.

5 Guia-me na tua verdade e ensina-me, pois, tu, és o Deus da minha salvação; por ti estou esperando todo o dia.

6 Lembra-te, Senhor, das tuas misericórdias e das tuas benignidades, porque são desde a eternidade.

7 Não te lembres dos pecados da minha mocidade, nem das minhas transgressões; mas segundo a tua misericórdia, lembra-te de mim, por tua bondade, Senhor.

8 Bom e reto é o Senhor; por isso ensinará o caminho aos pecadores.

9 Guiará os mansos em justiça e aos mansos ensinará o seu caminho.

10 Todas os caminhos do Senhor são misericórdia e verdade para aqueles que guardam a sua aliança e os seus testemunhos.

11 Por amor do teu nome, Senhor, perdoa a minha iniquidade, pois é grande.

12 Qual é o homem que teme ao Senhor? Ele o ensinará no caminho que deve escolher.

13 A sua alma repousará no bem, e a sua descendência herdará a Terra.

14 O segredo do Senhor é com aqueles que o temem; e ele lhes mostrará a sua aliança.

15 Os meus olhos estão continuamente no Senhor, pois ele tirará os meus pés da rede.

16 Olha para mim, tem piedade de mim, porque estou solitário e aflito.

17 As ânsias do meu coração se têm multiplicado; tira-me dos meus apertos.

18 Olha para a minha aflição e para a minha dor, e perdoa todos os meus pecados.

19 Olha para os meus inimigos, pois se vão multiplicando e me odeiam com ódio cruel.

20 Guarda a minha alma, e livra-me; não me deixes confundido, porquanto confio em ti.

21 Guardem-me a sinceridade e a retidão, porquanto espero em ti.

22 Redime, ó Deus, a Israel de todas as suas angústias.

A revelação que vem de Deus ilumina nossa alma,
e nos faz compreender o que Ele tem a nos dizer.

⸎ Salmo 26 ⸎

Preserva o emprego; sustenta o equilíbrio e a integridade e afasta males e infortúnios.

1 Julga-me, Senhor, pois tenho andado em minha sinceridade; tenho confiado também no Senhor; não vacilarei.

2 Examina-me, Senhor, prova-me; esquadrinha a minha mente e o meu coração.

3 Porque a tua benignidade está diante dos meus olhos; e tenho andado na tua verdade.

4 Não me assento com homens vãos, nem converso com os homens dissimulados.

5 Tenho odiado a congregação de malfeitores; nem me ajunto com os ímpios.

6 Lavo as minhas mãos na inocência; e assim andarei, Senhor, ao redor do teu altar.

7 Para publicar com voz de louvor e contar todas as tuas maravilhas.

8 Senhor, eu tenho amado a habitação da tua casa e o lugar onde permanece a tua glória.

9 Não apanhes a minha alma com os pecadores, nem a minha vida com os homens sanguinolentos,

10 Em cujas mãos há malefício, e cuja mão direita está cheia de subornos.

11 Mas eu ando na minha sinceridade; livra-me e tem piedade de mim.

12 O meu pé está posto em caminho plano; nas congregações louvarei ao Senhor.

Aceitar todos os nossos aspectos é viver com integridade, sabendo que somos canais para expressão do nosso espírito.

Salmo 27

Defende de riscos, perigos e ataques do mal;
distancia más companhias e intrusos
e atende nossas súplicas.

1 O Senhor é a minha luz e a minha salvação; a quem temerei? O Senhor é a força da minha vida; de quem me recearei?

2 Quando os malvados, meus adversários e meus inimigos se chegaram contra mim, para comerem as minhas carnes, tropeçaram e caíram.

3 Ainda que um exército me cercasse, o meu coração não temeria; ainda que a guerra se levantasse contra mim, nisto confiaria.

4 Uma coisa pedi ao Senhor, e a buscarei: que possa morar na casa do Senhor todos os dias da minha vida, para contemplar a formosura do Senhor e aprender no seu templo.

5 Porque no dia da adversidade me esconderá no seu pavilhão; no oculto do seu tabernáculo me esconderá; pôr-me-á sobre uma rocha.

6 Também agora a minha cabeça será exaltada sobre os meus inimigos que estão em redor de mim; por isso oferecerei sacrifício de júbilo no seu tabernáculo; cantarei, sim, cantarei louvores ao Senhor.

7 Ouve, Senhor, a minha voz quando clamo; tem também piedade de mim, responde-me.

8 Quando tu disseste: Buscai o meu rosto; o meu coração disse a ti: O teu rosto, Senhor, buscarei.

9 Não escondas de mim a tua face, não rejeites ao teu servo com ira; tu foste a minha ajuda, não me deixes nem me desampares, ó Deus da minha salvação.

10 Porque, quando meu pai e minha mãe me desampararem, o Senhor me recolherá.

11 Ensina-me, Senhor, o teu caminho, e guia-me pela vereda direita, por causa dos meus inimigos.

12 Não me entregues à vontade dos meus adversários; pois se levantaram falsas testemunhas contra mim, e os que respiram crueldade.

13 Pereceria sem dúvida, se não cresse que veria a bondade do Senhor na terra dos viventes.

14 Espera no Senhor, anima-te, e ele fortalecerá o teu coração; espera, pois, no Senhor.

Ao confiar no nosso potencial interior, não desperdiçamos energia e somos motivados pela verdade mais profunda em nós.

ᦕ Salmo 28 ᦔ

Alterações rápidas em negócios; progressão financeira e estímulo da paciência.

1 A ti clamarei, ó Senhor, rocha minha; não emudeças para comigo; pois se te calares a meu respeito, serei semelhante aos que descem à cova.

2 Ouve a voz das minhas súplicas quando a ti clamar, quando levantar as minhas mãos para o teu santo templo.

3 Não me arrastes com os ímpios e com os que praticam a iniquidade; que falam de paz ao seu próximo, mas têm mal nos seus corações.

4 Dá-lhes segundo as suas obras e segundo a malícia dos seus esforços; dá-lhes conforme a obra das suas mãos; torna-lhes a sua recompensa.

5 Porquanto não atentam às obras do Senhor, nem à obra das suas mãos; pois que ele os derrubará e não os reedificará.

6 Bendito seja o Senhor, porque ouviu a voz das minhas súplicas.

7 O Senhor é a minha força e o meu escudo; nele confiou o meu coração, e fui socorrido; assim o meu coração salta de prazer, e com o meu canto o louvarei.

8 O Senhor é a força do seu povo; também é a força salvadora do seu ungido.

9 Salva o teu povo e abençoa a tua herança; e apascenta-os e exalta-os para sempre.

Ao desenvolver a qualidade da paciência,
seguimos o fluxo da energia em direção ao sucesso.

❧ Salmo 29 ❧

Protege contra adversidades e os abalos da consciência e da moral; preserva a boa saúde e favorece o relacionamento honroso entre pais e filhos.

1 Dai ao Senhor, ó filhos dos poderosos, dai ao Senhor glória e força.

2 Dai ao Senhor a glória devida ao seu nome, adorai o Senhor na beleza da santidade.

3 A voz do Senhor ouve-se sobre as suas águas; o Deus da glória troveja; o Senhor está sobre as muitas águas.

4 A voz do Senhor é poderosa; a voz do Senhor é cheia de majestade.

5 A voz do Senhor quebra os cedros; sim, o Senhor quebra os cedros do Líbano.

6 Ele os faz saltar como um bezerro; ao Líbano e Siriom, como filhotes de bois selvagens.

7 A voz do Senhor separa as labaredas do fogo.

8 A voz do Senhor faz tremer o deserto; o Senhor faz tremer o deserto de Cades.

9 A voz do Senhor faz parir as cervas e descobre as brenhas; e no seu templo cada um fala da sua glória.

10 O Senhor se assentou sobre o dilúvio; o Senhor se assenta como Rei, perpetuamente.

11 O Senhor dará força ao seu povo; o Senhor abençoará o seu povo com paz.

Em momento algum perca a esperança e a alegria de viver.

ஃ Salmo 30 ஃ

Abre bons caminhos; afasta os traidores e os desafetos; protege contra a negatividade e ajuda na realização de milagres.

1 Exaltar-te-ei, ó Senhor, porque tu me exaltaste; e não fizeste com que meus inimigos se alegrassem sobre mim.

2 Senhor meu Deus, clamei a ti por socorro, e tu me saraste.

3 Senhor, fizeste subir a minha alma da sepultura; conservaste-me a vida para que não descesse ao abismo.

4 Cantai ao Senhor, vós que sois seus santos, e celebrai a memória da sua santidade.

5 Porque a sua ira dura só um momento; no seu favor está a vida. O choro pode durar uma noite, mas a alegria vem pela manhã.

6 Eu dizia na minha prosperidade: Jamais serei abalado.

7 Tu, Senhor, pelo teu favor fizeste forte a minha montanha; tu encobriste o teu rosto, e fiquei perturbado.

8 A ti, Senhor, clamei, e ao Senhor supliquei.

9 Que proveito há no meu sangue, quando desço à cova? Porventura te louvará o pó? Anunciará ele a tua verdade?

10 Ouve, Senhor, e tem piedade de mim, Senhor; sê o meu auxílio.

11 Tornaste o meu pranto em folguedo; tiraste o meu cilício e me cingiste de alegria.

12 Para que a minha glória a ti cante louvores, e não se cale. Senhor, meu Deus, eu te louvarei para sempre.

Quando escutamos e compreendemos as revelações que nos conduzem ao nosso verdadeiro propósito, operamos milagres.

✍ Salmo 31 ✍

Atenua falhas e defeitos; redimi a culpa; conquista o perdão e afasta a opressão.

1 Em ti, Senhor, confio; nunca me deixes confundido. Livra-me pela tua justiça.

2 Inclina para mim os teus ouvidos, livra-me depressa; sê a minha firme rocha, uma casa fortíssima que me salve.

3 Porque tu és a minha rocha e a minha fortaleza; assim, por amor do teu nome, guia-me e encaminha-me.

4 Tira-me da rede que para mim armaram, pois tu és a minha força.

5 Nas tuas mãos encomendo o meu espírito; tu me redimiste, Senhor Deus da verdade.

6 Odeio aqueles que se entregam a vaidades enganosas; eu, porém, confio no Senhor.

7 Eu me alegrarei e regozijarei na tua benignidade, pois consideraste a minha aflição; conheceste a minha alma nas angústias.

8 E não me entregaste nas mãos do inimigo; puseste os meus pés num lugar espaçoso.

9 Tem misericórdia de mim, ó Senhor, porque estou angustiado. Consumidos estão de tristeza os meus olhos, a minha alma e o meu corpo.

10 Porque a minha vida está gasta de tristeza, e os meus anos de suspiros; a minha força descai por causa da minha iniquidade, e os meus ossos se consomem.

11 Fui opróbrio entre todos os meus inimigos, até entre os meus vizinhos, e horror para os meus conhecidos; os que me viam na rua fugiam de mim.

12 Estou esquecido no coração deles, como um morto; sou como um vaso quebrado.

13 Pois ouvi a murmuração de muitos, temor havia ao redor; enquanto juntamente conspiravam contra mim, intentaram tirar-me a vida.

14 Mas eu confiei em ti, Senhor; e disse: Tu és o meu Deus.

15 Os meus tempos estão nas tuas mãos; livra-me das mãos dos meus inimigos e dos que me perseguem.

16 Faze resplandecer o teu rosto sobre o teu servo; salva-me por tuas misericórdias.

17 Não me deixes confundido, Senhor, porque te tenho invocado. Deixa confundidos os ímpios, e emudeçam na sepultura.

18 Emudeçam os lábios mentirosos que falam coisas más com soberba e desprezo contra o justo.

19 Oh! quão grande é a tua bondade, que guardaste para os que te temem, a qual operaste para aqueles que em ti confiam na presença dos filhos dos homens!

20 Tu os esconderás no secreto da tua presença, dos desaforos dos homens; encobri-los-ás em um pavilhão, da contenda das línguas.

21 Bendito seja o Senhor, pois fez maravilhosa a sua misericórdia para comigo numa cidade sitiada.

22 Pois eu dizia na minha pressa: Estou cortado de diante dos teus olhos; não obstante, tu ouviste a voz das minhas súplicas, quando eu a ti clamei.

23 Amai ao Senhor, vós todos que sois seus santos; porque o Senhor guarda os fiéis e retribui com abundância ao que usa de soberba.

24 Esforçai-vos, e ele fortalecerá o vosso coração, vós todos que esperais no Senhor.

Com serenidade entendo que os bons e
os maus momentos passam e fazem parte
do meu crescimento espiritual.

ᔌ Salmo 32 ᔌ

**Protege os artistas e os escritores; resgata o que
foi extraviado ou perdido; ajuda a perdoar.**

1 Bem-aventurado aquele cuja transgressão é perdoada, e cujo pecado é coberto.

2 Bem-aventurado o homem a quem o Senhor não atribui maldade, e em cujo espírito não há engano.

3 Quando eu guardei silêncio, envelheceram os meus ossos pelo meu bramido em todo o dia.

4 Porque de dia e de noite a tua mão pesava sobre mim; o meu humor se tornou em sequidão de estio. (Pausa)

5 Confessei-te o meu pecado, e a minha maldade não encobri. Dizia eu: Confessarei ao Senhor as minhas transgressões; e tu perdoaste a maldade do meu pecado. (Pausa)

6 Por isso, todo aquele que é santo orará a ti, a tempo de te poder achar; até no transbordar de muitas águas, estas não lhe chegarão.

7 Tu és o lugar em que me escondo; tu me preservas da angústia; tu me cinges de alegres cantos de livramento. (Pausa)

8 Instruir-te-ei, e ensinar-te-ei o caminho que deves seguir; guiar-te-ei com os meus olhos.

9 Não sejais como o cavalo, nem como a mula, que não têm entendimento, cuja boca precisa de cabresto e freio para que não se cheguem a ti.

10 O ímpio tem muitas dores, mas aquele que confia no Senhor a misericórdia o cercará.

11 Alegrai-vos no Senhor, e regozijai-vos, vós os justos; e cantai alegremente, todos vós que sois retos de coração.

*Lembre-se: tudo o que desejar para os outros
é o que terá em dobro de retorno.*

Salmo 33

Consolo, entendimento e facilidade na execução de tarefas; objetividade e proteção contra acidentes de trânsito.

1 Regozijai-vos no Senhor, vós justos, pois aos retos convêm o louvor.

2 Louvai ao Senhor com harpa, cantai a ele com o saltério de dez cordas.

3 Cantai-lhe um cântico novo; tocai bem e com júbilo.

4 Porque a palavra do Senhor é reta, e todas as suas obras são fiéis.

5 Ele ama a justiça; a Terra está cheia da bondade do Senhor.

6 Pela palavra do Senhor foram feitos os céus, e todo o exército deles pelo sopro da sua boca.

7 Ele ajunta as águas do mar como num montão; põe os abismos em depósitos.

8 Tema toda a Terra ao Senhor; temam-no todos os moradores do mundo.

9 Porque ele falou, e foi feito; mandou, e logo apareceu.

10 O Senhor desfaz o conselho dos gentios, quebranta os intentos dos povos.

11 O conselho do Senhor permanece para sempre; os intentos do seu coração de geração em geração.

12 Bem-aventurada é a nação cujo Deus é o Senhor, e o povo ao qual escolheu para sua herança.

13 O Senhor olha desde os céus e está vendo a todos os filhos dos homens.

14 Do lugar da sua habitação contempla todos os moradores da Terra.

15 Ele é que forma o coração de todos eles, que contemplam todas as suas obras.

16 Não há rei que se salve com a grandeza dum exército, nem o homem valente se livra pela muita força.

17 O cavalo é vão para a segurança; não livra ninguém com a sua grande força.

18 Eis que os olhos do Senhor estão sobre os que o temem, sobre os que esperam na sua misericórdia;

19 Para lhes livrar as almas da morte, e para os conservar vivos na fome.

20 A nossa alma espera no Senhor; ele é o nosso auxílio e o nosso escudo.

21 Pois nele se alegra o nosso coração; porquanto temos confiado no seu santo nome.

22 Seja a tua misericórdia, Senhor, sobre nós, como em ti esperamos.

*Ao perceber com os olhos da alma, fico livre da ignorância
e vou de encontro aos meus objetivos com alegria e fluidez,
em cada instante da vida.*

∽ Salmo 34 ∾

Protege contra o abandono e a injustiça; êxito em desempenhar tarefas; solidariedade e defesa para pobres e oprimidos.

1 Louvarei ao Senhor em todo o tempo; o seu louvor estará continuamente na minha boca.

2 A minha alma se gloriará no Senhor; os mansos o ouvirão e se alegrarão.

3 Engrandecei ao Senhor comigo; e juntos exaltemos o seu nome.

4 Busquei ao Senhor e ele me respondeu; livrou-me de todos os meus temores.

5 Olharam para ele, e foram iluminados; e os seus rostos não ficaram confundidos.

6 Clamou este pobre, e o Senhor o ouviu, e o salvou de todas as suas angústias.

7 O anjo do Senhor acampa-se ao redor dos que o temem, e os livra.

8 Provai, e vede que o Senhor é bom; bem-aventurado o homem que nele confia.

9 Temei ao Senhor, vós, os seus santos, pois nada falta aos que o temem.

10 Os filhos dos leões necessitam e sofrem fome, mas aqueles que buscam ao Senhor bem nenhum faltará.

11 Vinde, meninos, ouvi-me; eu vos ensinarei o temor do Senhor.

12 Quem é o homem que deseja a vida, que quer largos dias para ver o bem?

13 Guarda a tua língua do mal, e os teus lábios de falarem enganosamente.

14 Aparta-te do mal, e faze o bem; procura a paz, e segue-a.

15 Os olhos do Senhor estão sobre os justos, e os seus ouvidos atentos ao seu clamor.

16 A face do Senhor está contra os que fazem o mal, para exterminar da Terra a memória deles.

17 Os justos clamam, e o Senhor os ouve, e os livra de todas as suas angústias.

18 Perto está o Senhor dos que têm o coração quebrantado, e salva os contritos de espírito.

19 Muitas são as aflições do justo, mas o Senhor o livra de todas.

20 Ele lhe guarda todos os seus ossos; nem sequer um deles se quebra.

21 A malícia matará o ímpio, e os que odeiam o justo serão punidos.

22 O Senhor resgata a alma dos seus servos, e nenhum dos que nele confiam será punido.

Seja persistente, não se deixe abalar
por dificuldades momentâneas.

Salmo 35

**Protege contra energias maléficas;
proporciona justiça para os pecadores
e ajuda a resolver os desafios.**

1 Pleiteia, Senhor, com aqueles que pleiteiam comigo; peleja contra os que pelejam contra mim.

2 Pega do escudo e da rodela, e levanta-te em minha ajuda.

3 Tira da lança e obstrui o caminho aos que me perseguem; dize à minha alma: Eu sou a tua salvação.

4 Sejam confundidos e envergonhados os que buscam a minha vida; voltem atrás e envergonhem-se os que contra mim intentam o mal.

5 Sejam como a palha perante o vento; o anjo do Senhor os faça fugir.

6 Seja o seu caminho tenebroso e escorregadio, e o anjo do Senhor os persiga.

7 Porque sem causa me armaram ocultamente laços, e sem razão cavaram uma cova para a minha alma.

8 Sobrevenha-lhe destruição sem o saber, e prenda-o à rede que ocultou; caia ele nessa mesma destruição.

9 E a minha alma se alegrará no Senhor; alegrar-se-á na sua salvação.

10 Todos os meus ossos dirão: Senhor, quem é como tu, que livras o pobre daquele que é mais forte do que ele? O pobre e o necessitado daquele que o rouba.

11 Falsas testemunhas se levantaram; depuseram contra mim coisas que eu não sabia.

12 Tornaram-me o mal pelo bem, roubando a minha alma.

13 Mas, quanto a mim, quando estavam enfermos, as minhas vestes eram o pano de saco; humilhava a minha alma com o jejum, quando a minha oração não era respondida.

14 Portava-me como se ele fora meu irmão ou amigo; andava lamentando e muito encurvado, como quem chora por sua mãe.

15 Mas eles com a minha adversidade se alegravam e se congregavam; os abjetos se congregavam contra mim, e eu não o sabia; dilaceraram-me sem tréguas.

16 Como hipócritas zombadores nas festas, rangiam os dentes contra mim.

17 Senhor, até quando verás isto? Resgata a minha alma das suas violências, e a minha vida dos leões.

18 Louvar-te-ei na grande congregação; entre muitíssimo povo te celebrarei.

19 Não se alegrem os meus inimigos de mim sem razão, nem acenem com os olhos aqueles que me odeiam sem causa.

20 Pois não falam de paz; antes projetam enganar os pacíficos da Terra.

21 Abrem a boca de par em par contra mim, e dizem: Ah! Ah! os nossos olhos o viram.

22 Tu, Senhor, o tens visto, não te cales; Senhor, não te alongues de mim:

23 Desperta e acorda para o meu julgamento, para a minha causa, Deus meu e Senhor meu.

24 Julga-me segundo a tua justiça, Senhor Deus meu, e não deixes que se alegrem de mim.

25 Não digam em seus corações: Agora sim! Cumpriu-se o nosso desejo! Não digam: Nós o devoramos.

26 Envergonhem-se e confundam-se a uns os que se alegram com o meu mal; vistam-se de vergonha e de confusão os que se engrandecem contra mim.

27 Cantem e alegrem-se os que amam a minha justiça, e digam continuamente: O Senhor seja engrandecido, o qual ama a prosperidade do seu servo.

28 E assim a minha língua falará da tua justiça e do teu louvor todo o dia.

Com amor no coração se elimina toda dor de um sofrimento.

❧ Salmo 36 ❧

Afasta e elimina devedores e enganadores; contribui para fertilidade do solo e para obter amigos fiéis.

1 A transgressão do ímpio diz no íntimo do meu coração: Não há temor de Deus perante os seus olhos.

2 Porque em seus olhos se lisonjeia, até que a sua iniquidade se descubra ser detestável.

3 As palavras da sua boca são malícia e engano; deixou de entender e de fazer o bem.

4 Projeta a malícia na sua cama; põe-se no caminho que não é bom; não aborrece o mal.

5 A tua misericórdia, Senhor, está nos céus, e a tua fidelidade chega até às mais excelsas nuvens.

6 A tua justiça é como as grandes montanhas; os teus juízos são um grande abismo. Senhor, tu conservas os homens e os animais.

7 Quão preciosa é, ó Deus, a tua benignidade, pelo que os filhos dos homens se abrigam à sombra das tuas asas.

8 Eles se fartarão da gordura da tua casa, e os farás beber da corrente das tuas delícias;

9 Porque em ti está o manancial da vida; na tua luz veremos a luz.

10 Estende a tua benignidade sobre os que te conhecem, e a tua justiça sobre os retos de coração.

11 Não venha sobre mim o pé dos soberbos, e não me mova a mão dos ímpios.

12 Ali caem os que praticam a iniquidade; cairão, e não se poderão levantar.

Amigos comungam suas habilidades e talentos, caminham juntos, e descobrem que são absolutamente complementares.

Salmo 37

Conserva a boa memória; elimina o estado
depressivo; afasta a influência negativa
e estimula a perseverança.

1 Não te indignes por causa dos malfeitores, nem tenhas inveja dos que praticam a iniquidade.

2 Porque cedo serão ceifados como a erva, e murcharão como a verdura.

3 Confia no Senhor, e faze o bem; habitarás na Terra e verdadeiramente serás alimentado.

4 Deleita-te também no Senhor, e te concederá os desejos do teu coração.

5 Entrega o teu caminho ao Senhor; confia nele, e ele o fará.

6 E ele fará sobressair a tua retidão como a luz, e tua justiça, como o meio-dia.

7 Descansa no Senhor, e espera nele; não te indignes por causa daquele que prospera em seu caminho, por causa do homem que executa astutos intentos.

8 Deixa a ira e abandona o furor; não te indignes de forma alguma para fazer o mal.

9 Porque os malfeitores serão exterminados; mas aqueles que esperam no Senhor herdarão a Terra.

10 Pois ainda um pouco, e o ímpio não existirá; olharás para o seu lugar, e não aparecerá.

11 Mas os mansos herdarão a Terra, e se deleitarão na abundância de paz.

12 O ímpio maquina contra o justo, e contra ele range os dentes.

13 O Senhor se rirá dele, pois vê que vem chegando o seu dia.

14 Os ímpios puxaram da espada e armaram o arco, para derrubarem o pobre e necessitado, e para matarem os de reta conduta.

15 Porém a sua espada lhes entrará no coração, e os seus arcos se quebrarão.

16 Vale mais o pouco que tem o justo, do que as riquezas de muitos ímpios.

Relação dos 150 Salmos e seus usos ❧ 79

17 Pois os braços dos ímpios se quebrarão, mas o Senhor sustém os justos.

18 O Senhor conhece os dias dos retos, e a sua herança permanecerá para sempre.

19 Não serão envergonhados nos dias maus, e nos dias de fome se fartarão.

20 Mas os ímpios perecerão, e os inimigos do Senhor serão como a gordura dos cordeiros; desaparecerão, e em fumaça se desfarão.

21 O ímpio toma emprestado, e não paga; mas o justo se compadece e dá.

22 Porque aqueles que ele abençoa herdarão a Terra, e aqueles que forem por ele amaldiçoados serão exterminados.

23 Os passos de um homem bom são confirmados pelo Senhor, e deleita-se no seu caminho.

24 Ainda que caia, não ficará prostrado, pois o Senhor o sustém com a sua mão.

25 Fui moço, e agora sou velho; mas nunca vi desamparado o justo, nem a sua descendência a mendigar o pão.

26 Compadece-se sempre, e empresta, e a sua semente é abençoada.

27 Aparta-te do mal e faze o bem; e terás morada para sempre.

28 Porque o Senhor ama os justos e não desampara os seus santos; eles são preservados para sempre; mas a semente dos ímpios será exterminada.

29 Os justos herdarão a Terra e habitarão nela para sempre.

30 A boca do justo fala a sabedoria; a sua língua fala do que é reto.

31 A lei do seu Deus está em seu coração; os seus passos não vacilam.

32 O ímpio espreita ao justo, e procura matá-lo.

33 O Senhor não o deixará em suas mãos, nem o condenará quando for julgado.

34 Espera no Senhor, e guarda o seu caminho, e te exaltará para herdares a Terra; tu o verás quando os ímpios forem exterminados.

35 Vi o ímpio com grande poder espalhar-se como a árvore verde na terra natal.

36 Mas passou e já não aparece; procurei-o, mas não se pôde encontrar.

37 Nota o homem sincero, e considera o reto, porque o fim desse homem é a paz.

38 Quanto aos transgressores, serão, um a um, destruídos, e a posteridade dos ímpios será destruída.

39 Mas a salvação dos justos vem do Senhor; ele é a sua fortaleza no tempo da angústia.

40 E o Senhor os ajudará e os livrará; ele os livrará dos ímpios e os salvará, porquanto confiam nele.

A perseverança é o incentivo e a motivação divina,
que nascem conosco e habitam em todo nosso ser.

Salmo 38

Descontrai e purifica a mente; combate o nervosismo e estimula a reflexão e a abnegação de bens materiais.

1 Ó Senhor, não me repreendas na tua ira, nem me castigues no teu furor.

2 Porque as tuas flechas se cravaram em mim, e a tua mão sobre mim desceu.

3 Não há coisa sã na minha carne, por causa da tua cólera; nem há paz em meus ossos, por causa do meu pecado.

4 Pois já as minhas iniquidades ultrapassam a minha cabeça; como carga pesada são demais para as minhas forças.

5 As minhas chagas cheiram mal e estão corruptas, por causa da minha loucura.

6 Estou encurvado, estou muito abatido, ando lamentando todo o dia.

7 Porque os meus lombos estão cheias de ardor, e não há coisa sã na minha carne.

8 Estou fraco e mui quebrantado; tenho rugido pela inquietação do meu coração.

9 Senhor, diante de ti está todo o meu desejo, e o meu gemido não te é oculto.

10 O meu coração dá voltas, a minha força me falta; quanto à luz dos meus olhos, ela me deixou.

11 Os meus amigos e os meus companheiros estão ao longe da minha chaga; e os meus parentes se põem a distância.

12 Também os que buscam a minha vida me armam laços e os que procuram o meu mal falam coisas que danificam, e imaginam astúcias todo o dia.

13 Mas eu, como surdo, não ouvia, e era como mudo, que não abre a boca.

14 Assim eu sou como homem que não ouve, e em cuja boca não há reprovação.

15 Porque em ti, Senhor, espero; tu, Senhor meu Deus, me ouvirás.

16 Porque dizia eu: Ouve-me, para que não se alegrem de mim. Quando escorrega o meu pé, eles se engrandecem contra mim.

17 Porque estou preste a cair; a minha dor está constantemente perante mim.

18 Porque eu declararei a minha iniquidade; afligir-me-ei por causa do meu pecado.

19 Mas os meus inimigos estão vivos, e são fortes, e os que sem causa me odeiam se multiplicam.

20 Os que dão mal pelo bem são meus adversários, porquanto eu sigo o que é bom.

21 Não me desampares, Senhor, meu Deus, não te distancies de mim.

22 Apressa-te em meu auxílio, Senhor, minha salvação.

O sol interior, com seus raios de luz amorosa, purifica toda negatividade e se irradia para tudo a nossa volta.

Salmo 39

Sobressai a inteligência; eleva o dom da palavra; ajuda na aprovação em concursos e auxilia na boa conduta.

1 Eu disse: Guardarei os meus caminhos para não pecar com a minha língua; guardarei a boca com um freio, enquanto o ímpio estiver diante de mim.

2 Com o silêncio fiquei mudo; calava-me mesmo acerca do bem, e a minha dor se agravou.

3 Acendeu-se o coração dentro de mim; enquanto eu meditava se acendeu um fogo; então falei com a minha língua:

4 Faze-me conhecer, Senhor, o meu fim, e a medida dos meus dias qual é, para que eu sinta quanto sou frágil.

5 Eis que mediste os meus dias a palmos; o tempo da minha vida é como nada diante de ti; na verdade, todo homem, por mais firme que esteja, é como um sopro. (Pausa)

6 Na verdade, todo homem anda numa vã aparência; na verdade, em vão se inquietam; amontoam riquezas, e não sabem quem as levará.

7 Agora, pois, Senhor, que espero eu? A minha esperança está em ti.

8 Livra-me de todas as minhas transgressões; não me faças o opróbrio dos loucos.

9 Emudeci; não abro a minha boca, porquanto tu o fizeste.

10 Tira de sobre mim a tua praga; estou desfalecido pelo golpe da tua mão.

11 Quando castigas o homem, com repreensões por causa da iniquidade, fazes com que a sua beleza se consuma como a traça; assim todo homem é vaidade. (Pausa)

12 Ouve, Senhor, a minha oração, e inclina os teus ouvidos ao meu clamor; não te cales perante as minhas lágrimas, porque sou um estrangeiro contigo e peregrino, como todos os meus pais.

13 Poupa-me, até que tome alento, antes que me vá, e não seja mais.

Se for perseverante em seus objetivos, não haverá obstáculo que o derrubará.

⸎ Salmo 40 ⸎

Evita traições e maledicências; deseja o bem; auxilia os pobres e necessitados e atende a pedidos de socorro.

1 Esperei com paciência no Senhor, e ele se inclinou para mim, e ouviu o meu clamor.

2 Tirou-me dum lago horrível, dum charco de lodo, pôs os meus pés sobre uma rocha, firmou os meus passos.

3 E pôs um novo cântico na minha boca, um hino ao nosso Deus; muitos o verão, e temerão, e confiarão no Senhor.

4 Bem-aventurado o homem que põe no Senhor a sua confiança, e que não respeita os soberbos nem os que se desviam para a mentira.

5 Muitas são, Senhor meu Deus, as maravilhas que tens operado para conosco, e os teus pensamentos não se podem contar diante de ti; se eu os quisera anunciar, e deles falar, são mais do que se podem contar.

6 Sacrifício e oferta não quiseste; os meus ouvidos abriste; holocausto e expiação pelo pecado não reclamaste.

7 Então disse: Eis aqui venho; no rolo do livro de mim está escrito.

8 Deleito-me em fazer a tua vontade, ó Deus meu; sim, a tua lei está dentro do meu coração.

9 Preguei a justiça na grande congregação; eis que não retive os meus lábios, Senhor, tu o sabes.

11 Não escondi a tua justiça dentro do meu coração; apregoei a tua fidelidade e a tua salvação. Não escondi da grande congregação a tua benignidade e a tua verdade.

12 Não retires de mim, Senhor, as tuas misericórdias; guardem-me continuamente a tua benignidade e a tua verdade.

13 Porque males sem número me têm rodeado; as minhas iniquidades me prenderam de modo que não posso olhar para cima. São mais numerosas do que os cabelos da minha cabeça; assim desfalece o meu coração.

14 Digna-te, Senhor, livrar-me: Senhor, apressa-te em meu auxílio.

15 Sejam confundidos e envergonhados os que buscam a minha vida para destruí-la; tornem atrás e confundam-se os que me querem mal.

16 Desolados sejam em pago da sua afronta os que me dizem: Bem-feito! Bem-feito!

17 Folguem e alegrem-se em ti os que te buscam; digam constantemente os que amam a tua salvação: Magnificado seja o Senhor.

18 Mas eu sou pobre e necessitado; contudo o Senhor cuida de mim. Tu és o meu auxílio e o meu libertador; não te detenhas, ó meu Deus.

O amor pela humanidade desperta a nossa capacidade de amar, de servir ao próximo e fazer circular o bem entre todos.

∿ Salmo 41 ∿

Acalma perturbações espirituais e o sofrimento; promove a cura e ajuda a garantir estabilidade financeira.

1 Bem-aventurado é aquele que atende ao pobre; o Senhor o livrará no dia do mal.

2 O Senhor o livrará, e o conservará em vida; será abençoado na Terra, e tu não o entregarás à vontade de seus inimigos.

3 O Senhor o sustentará no leito da enfermidade; tu o restaurarás da sua cama de doença.

4 Dizia eu: Senhor, tem piedade de mim; sara a minha alma, porque pequei contra ti.

5 Os meus inimigos falam mal de mim, dizendo: Quando morrerá ele, e perecerá o seu nome?

6 E, se algum deles vem ver-me, fala coisas vãs; no seu coração amontoa a maldade; saindo para fora, é disso que fala.

7 Todos os que me odeiam murmuram a uma só voz contra mim; contra mim imaginam o mal, dizendo:

8 Uma doença má se lhe tem apegado; e agora que está deitado, não se levantará mais.

9 Até o meu próprio amigo íntimo, em quem eu tanto confiava, que comia do meu pão, levantou contra mim o seu calcanhar.

10 Porém tu, Senhor, tem piedade de mim, e levanta-me, para que eu lhes dê o pago.

11 Por isto conheço eu que tu me favoreces: que o meu inimigo não triunfa de mim.

12 Quanto a mim, tu me sustentas na minha sinceridade, e me puseste diante da tua face para sempre.

13 Bendito seja o Senhor Deus de Israel de século em século. Amém e Amém.

Sou um canal para a energia de cura do Universo; sou Um com Deus.

Salmo 42

Facilita encontros amorosos; promove o incentivo e a confiabilidade e ajuda a banir a solidão.

1 Assim como o cervo anseia pelas correntes das águas, assim suspira a minha alma por ti, ó Deus!

2 A minha alma tem sede de Deus, do Deus vivo; quando entrarei e me apresentarei ante a face de Deus?

3 As minhas lágrimas servem-me de mantimento de dia e de noite, enquanto me dizem constantemente: Onde está o teu Deus?

4 Quando me lembro disto, dentro de mim derramo a minha alma; pois eu havia ido com a multidão. Fui com eles à casa de Deus, com voz de alegria e louvor, com a multidão que festejava.

5 Por que estás abatida, ó minha alma, e por que te perturbas em mim? Espera em Deus, pois ainda o louvarei pela salvação da sua face.

6 Ó meu Deus, dentro de mim a minha alma está abatida; por isso lembro-me de ti desde a terra do Jordão, e desde as alturas do Hermom, desde o monte de Mizar.

7 Um abismo chama outro abismo, ao ruído das tuas cataratas; todas as tuas ondas e as tuas vagas têm passado sobre mim.

8 Contudo o Senhor mandará a sua misericórdia de dia, e de noite a sua canção estará comigo, uma oração ao Deus da minha vida.

9 Direi a Deus, minha rocha: Por que te esqueceste de mim? Por que ando lamentando por causa da opressão do inimigo?

10 Com ferida mortal em meus ossos me afrontam os meus adversários, quando todo dia me dizem: Onde está o teu Deus?

11 Por que estás abatida, ó minha alma, e por que te perturbas dentro de mim? Espera em Deus, pois ainda o louvarei, o qual é a salvação da minha face, e o meu Deus.

Defina melhor os seus objetivos
para ter maior facilidade de realizá-los.

ᔗ Salmo 43 ᔕ

Mantém a fidelidade no amor; afasta o perigo e o conflito entre nações e proporciona orientação.

1 Faze-me justiça, ó Deus, e pleiteia a minha causa contra a nação ímpia. Livra-me do homem fraudulento e injusto.

2 Pois tu és o Deus da minha fortaleza; por que me rejeitas? Por que ando lamentando por causa da opressão do inimigo?

3 Envia a tua luz e a tua verdade, para que me guiem e me levem ao teu santo monte, e aos teus tabernáculos.

4 Então irei ao altar de Deus, a Deus, que é a minha grande alegria, e com harpa te louvarei, ó Deus, Deus meu.

5 Por que estás abatida, ó minha alma? E por que te perturbas dentro de mim? Espera em Deus, pois ainda o louvarei, o qual é a salvação da minha face e Deus meu.

Uma atitude vitoriosa é meio caminho
andado para o sucesso.

(Artur Riedel)

Salmo 44

Preserva a alegria, a satisfação e a moralidade; mantém e conserva a saúde do corpo e ajuda a lidar com as dificuldades.

1 Ó Deus, nós ouvimos com os nossos ouvidos, e nossos pais nos têm contado a obra que fizeste em seus dias, nos tempos da antiguidade.

2 Como expulsaste os gentios com a tua mão e os plantaste a eles; como afligiste os povos e os derrubaste.

3 Pois não conquistaram a terra pela sua espada, nem o seu braço os salvou, mas a tua destra, o teu braço e a luz da tua face, porquanto te agradaste deles.

4 Tu és o meu Rei, ó Deus; ordena salvações para Jacó.

5 Por ti venceremos os nossos inimigos; pelo teu nome pisaremos os que se levantam contra nós.

6 Pois eu não confiarei no meu arco, nem a minha espada me salvará.

7 Mas tu nos salvaste dos nossos inimigos, e confundiste os que nos odiavam.

8 Em Deus nos gloriamos todo o dia, e louvamos o teu nome eternamente. (Pausa)

9 Mas agora tu nos rejeitaste e nos confundiste, e não sais com os nossos exércitos.

10 Tu nos fazes retroceder diante do inimigo, e aqueles que nos odeiam nos saqueiam.

11 Tu nos entregaste como ovelhas para sermos devorados, e nos espalhaste entre as nações.

12 Tu vendes por nada o teu povo, e não aumentas a tua riqueza com o seu preço.

13 Tu nos pões por opróbrio aos nossos vizinhos, por escárnio e zombaria daqueles que estão à roda de nós.

14 Tu nos pões por provérbio entre as nações, por movimento de cabeça entre os povos.

15 A minha confusão está constantemente diante de mim, e a vergonha do meu rosto me cobre,

16 A voz daquele que afronta e blasfema, por causa do inimigo e do vingador,

17 Tudo isto nos sobreveio; contudo não nos esquecemos de ti, nem nos houvemos falsamente contra a tua aliança.

18 O nosso coração não voltou atrás, nem os nossos passos se desviaram das tuas veredas;

19 Ainda que nos quebrantaste num lugar de dragões, e nos cobriste com a sombra da morte.

20 Se nós esquecemos o nome do nosso Deus, e estendemos as nossas mãos para um deus estranho,

21 Porventura não esquadrinhará Deus isso? Pois ele sabe os segredos do coração.

22 Sim, por amor de ti, somos mortos todo dia; somos reputados como ovelhas para o matadouro.

23 Desperta, por que dormes, Senhor? Acorda, não nos rejeites para sempre.

24 Por que escondes a tua face, e te esqueces da nossa miséria e da nossa opressão?

25 Pois a nossa alma está abatida até ao pó; o nosso corpo se apega até o chão.

26 Levanta-te em nosso auxílio, e resgata-nos por amor das tuas misericórdias.

A prece é um ato poderoso que põe
as forças do céu à disposição do homem.

✐ Salmo 45 ✐

Favorece a paz espiritual, a jovialidade, o talento para os artistas, a popularidade e a beleza.

1 O meu coração ferve com palavras boas, falo do que tenho feito no tocante ao Rei. A minha língua é a pena de um destro escritor.

2 Tu és mais formoso do que os filhos dos homens; a graça se derramou em teus lábios; por isso Deus te abençoou para sempre.

3 Cinge a tua espada à coxa, ó valente, com a tua glória e a tua majestade.

4 E neste teu esplendor cavalga prosperamente, por causa da verdade, da mansidão e da justiça; e a tua destra te ensinará coisas terríveis.

5 As tuas flechas são agudas no coração dos inimigos do rei, e por elas os povos caíram debaixo de ti.

6 O teu trono, ó Deus, é eterno e perpétuo; o cetro do teu reino é um cetro de equidade.

7 Tu amas a justiça e odeias a impiedade; por isso Deus, o teu Deus, te ungiu com óleo de alegria mais do que a teus companheiros.

8 Todas as tuas vestes cheiram a mirra e aloés e cássia, desde os palácios de marfim de onde te alegram.

9 As filhas dos reis estavam entre as tuas ilustres mulheres; à tua direita estava a rainha ornada de finíssimo ouro de Ofir.

10 Ouve, filha, e olha, e inclina os teus ouvidos; esquece-te do teu povo e da casa do teu pai.

11 Então o rei se afeiçoará da tua formosura, pois ele é teu Senhor; adora-o.

12 E a filha de Tiro estará ali com presentes; os ricos do povo suplicarão o teu favor.

13 A filha do rei é toda ilustre lá dentro; o seu vestido é entretecido de ouro.

14 É levada ao rei com vestidos bordados; as virgens que a acompanham a trarão a ti.

15 Com alegria e regozijo as trarão; elas entrarão no palácio do rei.

16 Em lugar de teus pais estarão teus filhos; deles farás príncipes sobre toda a Terra.

17 Farei lembrado o teu nome de geração em geração; por isso os povos te louvarão eternamente.

Percebo o ritmo e a ordem sagrada e vejo o belo num grão de areia ou na mais desafiante aparência.

✺ Salmo 46 ✺

Promove credibilidade e devoção na fé; inspiração para artistas da música e evita a discórdia.

1 Deus é o nosso refúgio e fortaleza, socorro bem presente na angústia.

2 Portanto, não temeremos, ainda que a Terra se mude, e ainda que os montes se transportem para o meio dos mares.

3 Ainda que as águas rujam e se perturbem, ainda que os montes se abalem pela sua braveza. (Pausa)

4 Há um rio cujas correntes alegram a cidade de Deus, o santuário das moradas do Altíssimo.

5 Deus está no meio dela; não se abalará. Deus a ajudará, já ao romper da manhã.

6 As nações se embraveceram; os reinos se moveram; ele levantou a sua voz e a Terra se derreteu.

7 O Senhor dos Exércitos está conosco; o Deus de Jacó é o nosso refúgio. (Pausa)

8 Vinde, contemplai as obras do Senhor; que desolações tem feito na Terra!

9 Ele faz cessar as guerras até ao fim da Terra; quebra o arco e corta a lança; queima os carros no fogo.

10 Aquietai-vos, e sabei que eu sou Deus; serei exaltado entre as nações; serei exaltado sobre a Terra.

11 O Senhor dos Exércitos está conosco; o Deus de Jacó é o nosso refúgio.

Acordos harmônicos acontecem quando o amor vibra no coração inspirando o equilíbrio entre o ser humano e o ser Divino.

ᔡ Salmo 47 ᔒ

Reconhecimento profissional; admiração, coragem e firmeza nos propósitos e auxílio nas realizações.

1 Batei palmas, todos os povos; aclamai a Deus com voz de triunfo.

2 Porque o Senhor Altíssimo é tremendo, e Rei grande sobre toda a Terra.

3 Ele nos subjugará os povos e as nações debaixo dos nossos pés.

4 Escolherá para nós a nossa herança, a glória de Jacó, a quem amou. (Pausa)

5 Deus subiu com júbilo, o Senhor subiu ao som de trombeta.

6 Cantai louvores a Deus, cantai louvores; cantai louvores ao nosso Rei, cantai louvores.

7 Pois Deus é o Rei de toda a Terra, cantai-lhe salmos de louvor.

8 Deus reina sobre as nações; Deus se assenta sobre o trono da sua santidade.

9 Os príncipes do povo se ajuntam, o povo do Deus de Abraão; porque os reis da Terra são de Deus. Ele está muito elevado!

Somos corajosos quando sabemos que
o medo não oferece resistência ao amor.

∾ Salmo 48 ∾

Solidifica ideias grandiosas e seus conceitos; ajuda a ir contra a ignorância e a proceder com sabedoria.

1 Grande é o Senhor e mui digno de louvor, na cidade do nosso Deus, no seu monte santo.

2 Formoso de sítio, e alegria de toda a Terra é o monte Sião sobre os lados do norte, a cidade do grande Rei.

3 Deus é conhecido nos seus palácios por um alto refúgio.

4 Porque eis que os reis se ajuntaram; eles passaram juntos.

5 Viram-no e ficaram maravilhados; ficaram assombrados e se apressaram em fugir.

6 Tremor ali os tomou, e dores como de mulher de parto.

7 Tu quebras as naus de Társis com um vento oriental.

8 Como o ouvimos, assim o vimos na cidade do Senhor dos Exércitos, na cidade do nosso Deus. Deus a confirmará para sempre. (Pausa)

9 Lembramo-nos, ó Deus, da tua benignidade, no meio do teu templo.

10 Segundo é o teu nome, ó Deus, assim é o teu louvor, até aos fins da Terra; a tua mão direita está cheia de justiça.

11 Alegre-se o monte de Sião; alegrem-se as filhas de Judá por causa dos teus juízos.

12 Rodeai Sião, e cercai-a, contai as suas torres.

13 Marcai bem os seus baluartes, considerai os seus palácios para que o conteis à geração seguinte.

14 Porque este Deus é o nosso Deus para sempre; ele será nosso guia até a morte.

Viva o agora, não perca suas horas de sono preocupando-se com o amanhã.

⤳ Salmo 49 ⤳

Sabedoria, restabelecimento, restauração, reconstituição e mudança.

1 Ouvi isto, vós todos os povos; inclinai os ouvidos, todos os moradores do mundo.

2 Tanto baixos como altos, tanto ricos como pobres.

3 A minha boca falará de sabedoria, e a meditação do meu coração será de entendimento.

4 Inclinarei os meus ouvidos a uma parábola; declararei o meu enigma na harpa.

5 Por que temerei eu nos dias maus, quando me cercar a iniquidade dos que me armam ciladas?

6 Aqueles que confiam na sua fazenda, e se gloriam na multidão das suas riquezas.

7 Nenhum deles de modo algum pode remir a seu irmão, ou dar a Deus o resgate dele.

8 (Pois a redenção da sua alma é caríssima, e cessará para sempre).

9 Para que viva para sempre, e não veja corrupção.

10 Porque ele vê que os sábios morrem; perecem igualmente tanto o louco como o brutal, e deixam a outros os seus bens.

11 O seu pensamento interior é que as suas casas serão perpétuas e as suas habitações de geração em geração; dão às suas terras os seus próprios nomes.

12 Todavia o homem que está em honra não permanece; antes é como os animais, que perecem.

13 Este caminho deles é a sua loucura; contudo a sua posteridade aprova as suas palavras. (Pausa)

Relação dos 150 Salmos e seus usos ⤳ 97

14 Como ovelhas são postos na sepultura; a morte se alimentará deles e os retos terão domínio sobre eles na manhã, e a sua formosura se consumirá na sepultura, a habitação deles.

15 Mas Deus remirá a minha alma do poder da sepultura, pois me receberá. (Pausa)

16 Não temas, quando alguém se enriquece, quando a glória da sua casa se engrandece.

17 Porque, quando morrer, nada levará consigo, nem a sua glória o acompanhará.

18 Ainda que na sua vida ele bendisse a sua alma; e os homens te louvarão, quando fizeres bem a ti mesmo,

19 Irá para a geração de seus pais; eles nunca verão a luz.

20 O homem que está em honra, e não tem entendimento, é semelhante aos animais, que perecem.

A sabedoria é uma qualidade do espírito que
se manifesta na vida, inspira uma ação amorosa
e proporciona abundância a cada momento.

❦ Salmo 50 ❧

Ajuda a obter o perdão; promove firmeza e perseverança nos ideais; traz disciplina e lealdade e favorece doações.

1 Ó Deus poderoso, o Senhor, falou e chamou a Terra desde o nascimento do sol até ao seu ocaso.

2 Desde Sião, a perfeição da formosura, resplandeceu Deus.

3 Virá o nosso Deus, e não se calará; um fogo se irá consumindo diante dele, e haverá grande tormenta ao redor dele.

4 Chamará os céus lá do alto, e a Terra, para julgar o seu povo.

5 Ajuntai-me os meus santos, aqueles que fizeram comigo uma aliança com sacrifícios.

6 E os céus anunciarão a sua justiça; pois Deus mesmo é o Juiz. (Pausa)

7 Ouve, povo meu, e eu falarei; ó Israel, e eu protestarei contra ti: Sou Deus, sou o teu Deus.

8 Não te repreenderei pelos teus sacrifícios, ou holocaustos, que estão continuamente perante mim.

9 Da tua casa não tirarei bezerro, nem bodes dos teus currais.

10 Porque meu é todo animal da selva, e o gado sobre milhares de montanhas.

11 Conheço todas as aves dos montes; e minhas são todas as feras do campo.

12 Se eu tivesse fome, não to diria, pois meu é o mundo e toda a sua plenitude.

13 Comerei eu carne de touros? Ou beberei sangue de bodes?

14 Oferece a Deus sacrifício de louvor, e paga ao Altíssimo os teus votos.

15 E invoca-me no dia da angústia; eu te livrarei, e tu me glorificarás.

16 Mas ao ímpio diz Deus: Que fazes tu em recitar os meus estatutos e em tomar a minha aliança na tua boca?

17 Visto que odeias a correção, e lanças as minhas palavras para detrás de ti.

18 Quando vês o ladrão, consentes com ele, e tem a tua parte com adúlteros.

19 Soltas a tua boca para o mal, e a tua língua compõe o engano.

20 Assentas-te a falar contra teu irmão; falas mal contra o filho de tua mãe.

21 Estas coisas tens feito, e eu me calei; pensavas que era tal como tu, mas eu te repreenderei e as porei por ordem diante dos teus olhos:

22 Ouvi, pois isto, vós que vos esqueceis de Deus; para que eu vos não faça em pedaços, sem haver quem vos livre.

23 Aquele que oferece o sacrifício de louvor me glorificará; e àquele que bem ordena o seu caminho eu mostrarei a salvação de Deus.

Deus é o amor em nossos corações;
se não há amor, não há Deus.

✍ Salmo 51 ✍

Desenvolve a compaixão; ajuda a aniquilar as maledicências, a inveja e a cobiça e a descobrir atos beneficiadores em prol da humanidade.

1 Tem misericórdia de mim, ó Deus, segundo a tua benignidade; apaga as minhas transgressões, segundo a multidão das tuas misericórdias.

2 Lava-me completamente da minha iniquidade, purifica-me do meu pecado.

3 Porque eu conheço as minhas transgressões, o meu pecado está sempre diante de mim.

4 Contra ti, contra ti somente pequei, e fiz o que é mal à tua vista, para que sejas justificado quando falares, e puro quando julgares.

5 Eis que em iniquidade fui formado, e em pecado me concebeu minha mãe.

6 Eis que amas a verdade no íntimo, e no oculto me fazes conhecer a sabedoria.

7 Purifica-me com hissopo, e ficarei puro; lava-me, e ficarei mais branco do que a neve.

8 Faze-me ouvir júbilo e alegria, para que gozem os ossos que tu quebraste.

9 Esconde a tua face dos meus pecados, e apaga todas as minhas iniquidades.

10 Cria em mim, ó Deus, um coração puro, e renova em mim um espírito reto.

11 Não me lances fora da tua presença, e não retires de mim o teu Espírito Santo.

12 Torna a dar-me a alegria da tua salvação, e sustém-me com um espírito voluntário.

13 Então ensinarei aos transgressores os teus caminhos, e os pecadores a ti se converterão.

14 Livra-me dos crimes de sangue, ó Deus, Deus da minha salvação, e a minha língua louvarão altamente a tua justiça.

15 Abre, Senhor, os meus lábios, e a minha boca entoarão o teu louvor.

16 Pois não desejas sacrifícios, senão eu os daria; tu não te deleitas em holocaustos.

17 Os sacrifícios para Deus são o espírito quebrantado; a um coração quebrantado e contrito não desprezarás, ó Deus.

18 Faze o bem a Sião, segundo a tua boa vontade; edifica os muros de Jerusalém.

19 Então te agradarás dos sacrifícios de justiça, dos holocaustos e das ofertas queimadas; então se oferecerão novilhos sobre o teu altar.

Ter compaixão é ser igual
e estar unido ao outro como a si mesmo.

❧ Salmo 52 ❧

Desperta a franqueza; traz êxito para os negócios, rapidez em auxílio solicitado e vitória sobre dificuldades.

1 Por que te glorias na malícia, ó homem poderoso? Por que te glorias o dia todo, tu que és uma vergonha aos olhos de Deus?

2 A tua língua intenta o mal, como uma navalha amolada, traçando enganos.

3 Tu amas mais o mal do que o bem, e a mentira mais do que o falar a retidão. (Pausa)

4 Amas todas as palavras devoradoras, ó língua fraudulenta!

5 Também Deus te destruirá para sempre; arrebatar-te-á e arrancar-te-á da tua habitação, e te extirpará da terra dos viventes. (Pausa)

6 E os justos o verão, e temerão: e se rirão dele, dizendo:

7 Eis aqui o homem que não tomou Deus por sua fortaleza, antes confiou na abundância das suas riquezas, e se fortaleceu na sua maldade.

8 Mas eu sou como a oliveira verde na casa de Deus; confio na misericórdia de Deus para sempre, eternamente.

9 Para sempre te louvarei, porque tu o fizeste, e esperarei no teu nome, porque é bom diante de teus santos.

Peça com o coração e deixe os anjos agirem por você.

✺ Salmo 53 ✺

Ajuda a alcançar a fé; afasta a convivência com pessoas mal-intencionadas e as falsidades e elimina a insensatez.

1 Disse o néscio no seu coração: Não há Deus. Têm-se corrompido, e cometido abominável iniquidade; não há ninguém que faça o bem.

2 Deus olhou desde os céus para os filhos dos homens, para ver se havia algum que tivesse entendimento e buscasse a Deus.

3 Desviaram-se todos, e juntamente se fizeram imundos; não há quem faça o bem, não, nem sequer um.

4 Acaso não têm conhecimento os que praticam a iniquidade, os quais comem o meu povo como se comessem pão? Eles não invocaram a Deus.

5 Ali se acharam em grande temor, onde não havia temor, pois Deus espalhou os ossos daquele que te cercava; tu os confundiste, porque Deus os rejeitou.

6 Oxalá que de Sião viesse a salvação de Israel! Quando Deus fizer voltar os cativos do seu povo, então se regozijará Jacó e se alegrará Israel.

Seja um eterno otimista,
faça com que as pessoas enxerguem
o mundo de forma mais positiva.

Salmo 54

Protege contra as inimizades, as importunações, os receios e os falsos testemunhos e alivia a angústia.

1 Salva-me, ó Deus, pelo teu nome, e faze-me justiça pelo teu poder.

2 Ó Deus, ouve a minha oração, inclina os teus ouvidos às palavras da minha boca.

3 Porque os estranhos se levantam contra mim, e tiranos procuram a minha vida; homens que não têm posto Deus perante os seus olhos. (Pausa)

4 Eis que Deus é o meu ajudador, o Senhor é quem sustém a minha alma.

5 Ele recompensará com o mal os meus inimigos. Destrói-os na tua verdade.

6 Eu te oferecerei voluntariamente sacrifícios; louvarei o teu nome, ó Senhor, porque é bom,

7 Pois me tem livrado de toda a angústia; e os meus olhos viram a ruína sobre os meus inimigos.

Ao pôr seus pés na rua,
aposte alto num dia repleto de infinitas alegrias.

ᴥ Salmo 55 ᴥ

Combate a crueldade; espanta o inimigo oculto; elimina a ansiedade e protege as viagens aéreas.

1 Inclina, ó Deus, os teus ouvidos à minha oração, e não te escondas da minha súplica.

2 Atende-me, e ouve-me; estou agitado e ando perplexo.

3 Pelo clamor do inimigo e por causa da opressão do ímpio; pois lançam sobre mim a iniquidade, e com furor me odeiam.

4 O meu coração está dolorido dentro de mim, e terrores da morte caíram sobre mim.

5 Temor e tremor vieram sobre mim; e o horror me cobriu.

6 Assim eu disse: Oh! Quem me dera asas como de pomba! Então voaria, e estaria em descanso.

7 Eis que fugiria para longe, e pernoitaria no deserto. (Pausa)

8 Apressar-me-ia a escapar da fúria do vento e da tempestade.

9 Despedaça os ímpios, ó Senhor, e divide as suas línguas, pois tenho visto violência e contenda na cidade.

10 De dia e de noite a cercam sobre os seus muros; iniquidade e malícia estão no meio dela.

11 Maldade há dentro dela; astúcia e engano não se apartam das suas ruas.

12 Pois não era um inimigo que me afrontava; então eu o teria suportado; nem era o que me odiava que se engrandecia contra mim, porque dele me teria escondido.

13 Mas eras tu, homem meu igual, meu guia e meu íntimo amigo.

14 Consultávamos juntos suavemente, e andávamos em companhia na casa de Deus.

15 A morte os assalte, e vivos desçam ao inferno; porque há maldade nas suas habitações e no meio deles.

16 Eu, porém, invocarei a Deus, e o Senhor me salvará.

17 De tarde e de manhã e ao meio dia orarei; e clamarei, e ele ouvirá a minha voz.

18 Livrou em paz a minha alma, sem danos, da guerra que movem contra mim; pois havia muitos comigo.

19 Deus ouvirá, e os afligirá. Aquele que preside desde a antiguidade (Pausa), porque não há neles nenhuma mudança, e, portanto, não temem a Deus.

20 Tal homem pôs as suas mãos naqueles que têm paz com ele; quebrou a sua aliança.

21 As palavras da sua boca eram mais macias do que a manteiga, mas havia guerra no seu coração: as suas palavras eram mais brandas do que o azeite; contudo, eram espadas desembainhadas.

22 Lança o teu cuidado sobre o Senhor, e ele te susterá; não permitirá jamais que o justo seja abalado.

23 Mas tu, ó Deus, os farás descer ao poço da perdição; homens de sangue e de fraude não viverão metade dos seus dias; mas eu em ti confiarei.

Que o amor seja o alicerce
de todos os seus relacionamentos.

✂ Salmo 56 ✂

Alivia perturbações fisiológicas; combate a melancolia e a angústia; traz êxito para os empreendimentos e afasta o temor.

1 Tem misericórdia de mim, ó Deus, porque o homem procura devorar-me; pelejando todo dia, me oprime.

2 Os meus inimigos procuram devorar-me todo dia; pois são muitos os que pelejam contra mim, ó Altíssimo.

3 Em qualquer tempo em que eu temer, confiarei em ti.

4 Em Deus louvarei a sua palavra, em Deus pus a minha confiança; não temerei o que me possa fazer a carne.

5 Todos os dias torcem as minhas palavras; todos os seus pensamentos são contra mim para o mal.

6 Ajuntam-se, escondem-se, marcam os meus passos, como aguardando a minha alma.

7 Porventura escaparão eles por meio da sua iniquidade? Ó Deus, derruba os povos na tua ira!

8 Tu contas as minhas aflições; põe as minhas lágrimas no teu odre. Não estão elas no teu livro?

9 Quando eu a ti clamar, então voltarão para trás os meus inimigos: isto sei eu, porque Deus é por mim.

10 Em Deus louvarei a sua palavra; no Senhor louvarei a sua palavra.

11 Em Deus tenho posto a minha confiança; não temerei o que me possa fazer o homem.

12 Os teus votos estão sobre mim, ó Deus; eu te renderei ações de graças;

13 Pois tu livraste a minha alma da morte; não livrarás os meus pés da queda, para andar diante de Deus na luz dos viventes?

***Viva intensamente todos os seus momentos,
pois estes podem se perder num passado e não mais voltar.***

✍ Salmo 57 ✍

Ajuda a despertar e a destruir forças negativas; combate fraudes e inverdades; alcança a justiça divina.

1 Tem misericórdia de mim, ó Deus, tem misericórdia de mim, porque a minha alma confia em ti; e à sombra das tuas asas me abrigo, até que passem as calamidades.

2 Clamarei ao Deus altíssimo, ao Deus que por mim tudo executa.

3 Ele enviará desde os céus, e me salvará do desprezo daquele que procurava devorar-me (Pausa) Deus enviará a sua misericórdia e a sua verdade.

4 A minha alma está entre leões, e eu estou entre aqueles que estão abrasados, filhos dos homens, cujos dentes são lanças e flechas, e a sua língua espada afiada.

5 Sê exaltado, ó Deus, sobre os céus; seja a tua glória sobre toda a Terra.

6 Armaram uma rede aos meus passos; a minha alma está abatida. Cavaram uma cova diante de mim, porém eles mesmos caíram no meio dela. (Pausa)

7 Preparado está o meu coração, ó Deus, preparado está o meu coração; cantarei, e darei louvores.

8 Desperta, glória minha; despertai, saltério e harpa; eu mesmo despertarei ao romper da alva.

9 Louvar-te-ei, Senhor, entre os povos; eu te cantarei entre as nações.

10 Pois a tua misericórdia é grande até aos céus, e a tua verdade até às nuvens.

11 Sê exaltado, ó Deus, sobre os céus; e seja a tua glória sobre toda a Terra.

Erga as mãos para os céus e agradeça
por tudo que é e por tudo que possui.

Salmo 58

Defesa contra pessoas maldosas e ferinas; exclui as forças do mal e incentiva o julgamento correto.

1 Acaso falais vós, deveras, ó congregação, o que é justo? Julgais retamente, ó filhos dos homens?

2 Antes no coração forjais iniquidades; sobre a terra pesais a violência das vossas mãos.

3 Alienam-se os ímpios desde a madre; andam errados desde que nasceram, falando mentiras.

4 O seu veneno é semelhante ao veneno da serpente; são como a víbora surda, que tapa os ouvidos,

5 Para não ouvir a voz dos encantadores, do encantador sábio em encantamentos.

6 Ó Deus, quebra-lhes os dentes nas suas bocas; arranca, Senhor, as presas dos leões.

7 Escorram como águas que correm constantemente. Quando ele armar as suas flechas, fiquem feitas em pedaços.

8 Como a lesma se derrete, assim se vá cada um deles, como o aborto duma mulher que nunca viu o sol.

9 Antes que as vossas panelas sintam o calor dos espinhos, como por um redemoinho os arrebatará ele, vivo e em indignação.

10 O justo se alegrará quando vir a vingança; lavará os seus pés no sangue do ímpio.

11 Então dirá o homem: Deveras há uma recompensa para o justo; deveras há um Deus que julga na Terra.

São muitos os que falam em perdão,
poucos sabem realmente perdoar.

ᴥ Salmo 59 ᴥ

**Afasta o perigo em geral e de abalos terrestres;
traz reconhecimento do esforço e do desempenho
pessoal e sucesso com ligações estrangeiras.**

1 Livra-me, meu Deus, dos meus inimigos, defende-me daqueles que se levantam contra mim.

2 Livra-me dos que praticam a iniquidade, e salva-me dos homens sanguinários.

3 Pois eis que põem ciladas à minha alma; os fortes se ajuntam contra mim, não por transgressão minha ou por pecado meu, ó Senhor.

4 Eles correm, e se preparam, sem culpa minha; desperta para me ajudares, e olha.

5 Tu, pois, ó Senhor, Deus dos Exércitos, Deus de Israel, desperta para visitares todos as nações; não tenhas misericórdia de nenhum dos pérfidos que praticam a iniquidade. (Pausa)

6 Voltam à tarde; dão ganidos como cães, e rodeiam a cidade.

7 Eis que eles dão gritos com as suas bocas; espadas estão nos seus lábios, porque, dizem eles: Quem ouve?

8 Mas tu, Senhor, te rirás deles; zombarás de todos as nações;

9 Por causa da sua força eu te aguardarei; pois Deus é a minha alta defesa.

10 O Deus da minha misericórdia virá ao meu encontro; Deus me fará ver o meu desejo sobre os meus inimigos.

11 Não os mates, para que o meu povo não se esqueça; espalha-os pelo teu poder, e abate-os, ó Senhor, nosso escudo.

12 Pelo pecado da sua boca e pelas palavras dos seus lábios, fiquem presos na sua soberba, e pelas maldições e pelas mentiras que falam.

13 Consome-os na tua indignação, consome-os, para que não existam, e para que saibam que Deus reina em Jacó até aos fins da Terra. (Pausa)

14 E tornem a vir à tarde, e deem ganidos como cães, e cerquem a cidade.

Relação dos 150 Salmos e seus usos ᴥ *111*

15 Vagueiem para cima e para baixo por mantimento, e passem a noite sem se saciarem.

16 Eu, porém, cantarei a tua força; pela manhã louvarei com alegria a tua misericórdia; porquanto tu foste o meu alto refúgio e proteção no dia da minha angústia.

17 A ti, ó fortaleza minha, cantarei salmos; porque Deus é a minha defesa e o Deus da minha misericórdia.

Não se prenda às coisas materiais; você é um ser espiritual passando por uma vivência terrena.

Salmo 60

Evita a fragilidade; incentiva a veracidade e a autenticidade; desperta o poder de decisão.

1 Ó Deus, tu nos rejeitaste, tu nos espalhaste, tu te indignaste; ó volta-te para nós.

2 Abalaste a Terra, e a fendeste; sara as suas fendas, pois ela treme.

3 Fizeste ver ao teu povo coisas árduas; fizeste-nos beber o vinho da perturbação.

4 Deste um estandarte aos que te temem, para ser desfraldado ante o arco (Pausa)

5 Para que os teus amados sejam livres, salva-nos com a tua destra, e ouve-nos;

6 Deus falou na sua santidade; eu me regozijarei, repartirei a Siquém e medirei o vale de Sucote.

7 Meu é Gileade, e meu é Manassés; Efraim é a força da minha cabeça; Judá é o meu legislador.

8 Moabe é a minha bacia de lavar; sobre Edom lançarei o meu sapato; alegra-te, ó Filístia, por minha causa.

9 Quem me conduzirá à cidade forte? Quem me guiará até Edom?

10 Não serás tu, ó Deus, que nos tinhas rejeitado? Tu, ó Deus, que não saíste com os nossos exércitos?

11 Dá-nos auxílio na angústia, porque vão é o socorro do homem.

12 Em Deus faremos proezas; porque ele é que pisará os nossos inimigos.

O poder de decisão é infinito;
vem da alma e possibilita decidir sempre
pelo bem de todos os envolvidos numa
determinada situação.

∾ Salmo 61 ∾

Atrai fidelidade de subordinados; traz tranquilidade, proteção contra roubos e infrações e sucesso profissional.

1 Ouve, ó Deus, o meu clamor; atende à minha oração.

2 Desde o fim da Terra clamarei a ti, quando o meu coração estiver desmaiado; leva-me para a rocha que é mais alta do que eu.

3 Pois tens sido um refúgio para mim, e uma torre forte contra o inimigo.

4 Habitarei no teu tabernáculo para sempre; abrigar-me-ei no esconderijo das tuas asas. (Pausa)

5 Pois tu, ó Deus, ouviste os meus votos; deste-me a herança dos que temem o teu nome.

6 Prolongarás os dias do rei; e os seus anos serão como muitas gerações.

7 Ele permanecerá diante de Deus para sempre; prepara-lhe misericórdia e verdade que o preservem.

8 Assim cantarei louvores ao teu nome perpetuamente, para pagar os meus votos de dia em dia.

Com calma, busque uma coisa por vez.

❧ Salmo 62 ❧

Bom para terra fértil, produtiva e para ter boa colheita; êxito no resultado de causas judiciais e reforça a esperança.

1 A minha alma espera somente em Deus; dele vem a minha salvação.

2 Só ele é a minha rocha e a minha salvação; é a minha defesa; não serei grandemente abalado.

3 Até quando maquinareis o mal contra um homem? Sereis mortos, todos vós, sereis como uma parede encurvada e uma sebe preste a cair.

4 Eles somente consultam como o hão de derrubar da sua excelência; deleitam-se em mentiras; com a boca bendizem, mas no seu íntimo maldizem. (Pausa)

5 Ó minha alma, espera somente em Deus, porque dele vem a minha esperança.

6 Só ele é a minha rocha e a minha salvação; a minha defesa; não serei abalado.

7 Em Deus está a minha salvação e a minha glória; a rocha da minha fortaleza, e o meu refúgio estão em Deus.

8 Confiai nele, ó povo, em todos os tempos; derramai perante ele o vosso coração. Deus é o nosso refúgio. (Pausa)

9 Certamente que os homens de classe baixa são vaidade, e os homens de ordem elevada são mentira; pesados em balanças, eles juntos são mais leves do que a vaidade.

10 Não confieis na extorsão, nem vos glorieis em coisas roubadas; se as vossas riquezas aumentam, não ponhais nelas o coração.

11 Deus falou uma vez; duas vezes ouvi isto: que o poder pertence a Deus.

12 A ti também, Senhor, pertence a misericórdia; pois retribuirás a cada um segundo a sua obra.

A essência da esperança é confiar
e saber esperar pelo melhor que está dentro de nós.

∽ Salmo 63 ∾

Afasta caluniadores e oportunistas; inspira a sabedoria; exerce a paciência e aumenta o ânimo.

1 Ó Deus, tu és o meu Deus, de madrugada te buscarei; a minha alma tem sede de ti; o meu corpo te deseja muito em uma terra seca e cansada, onde não há água;

2 Para ver a tua força e a tua glória, como te vi no santuário.

3 Porque a tua benignidade é melhor do que a vida, os meus lábios te louvarão.

4 Assim eu te bendirei enquanto viver; em teu nome levantarei as minhas mãos.

5 A minha alma se fartará, como de tutano e de gordura; e a minha boca te louvará com alegres lábios.

6 Quando me lembrar de ti na minha cama, e meditar em ti nas vigílias da noite.

7 Porque tu tens sido o meu auxílio; então, à sombra das tuas asas me regozijarei.

8 A minha alma te segue de perto; a tua destra me sustenta.

9 Mas aqueles que procuram a minha alma para a destruir, irão para as profundezas da terra.

10 Cairão à espada; serão uma ração para as raposas.

11 Mas o rei se regozijará em Deus; qualquer que por ele jurar se gloriará; porque se taparão as bocas dos que falam a mentira.

Quando exercemos uma paciência amorosa,
estamos conscientes de que tudo o que fazemos
tem um valor real.

∽ Salmo 64 ∾

Reconhecimento de graças obtidas; ativa pendências; sucesso e fama para autores; afasta a desconfiança.

1 Ouve, ó Deus, a minha voz na minha oração; guarda a minha vida do temor do inimigo.

2 Esconde-me do secreto conselho dos maus, e do tumulto dos que praticam a iniquidade.

3 Que afiaram as suas línguas como espadas; e armaram por suas flechas palavras amargas,

4 A fim de atirarem em lugar oculto ao que é íntegro; disparam sobre ele repentinamente, e não temem.

5 Firmam-se em mau intento; falam de armar laços secretamente, e dizem: Quem os verá?

6 Andam inquirindo malícias, inquirem tudo o que se pode inquirir; e ambos, o íntimo pensamento de cada um deles, e o coração, são profundos.

7 Mas Deus atirará sobre eles uma seta, e de repente ficarão feridos.

8 Assim eles farão com que as suas línguas tropecem contra si mesmos; todos aqueles que os virem, fugirão.

9 E todos os homens temerão, e anunciarão a obra de Deus; e considerarão prudentemente os feitos dele.

10 O justo se alegrará no Senhor, e confiará nele, e todos os retos de coração se gloriarão.

O sentimento de gratidão preenche o coração
e eleva as vibrações de tudo à nossa volta.

ॐ Salmo 65 ॐ

Atenua o sofrimento da doença; ajuda a manter foco nos objetivos; traz vigor e entusiasmo para o Ano-Novo (ler no Natal e no Réveillon).

1 A ti, ó Deus, espera o louvor em Sião, e a ti se pagará o voto.

2 Ó tu, que ouves as orações, a ti virão todos os homens.

3 Prevalecem as iniquidades contra mim; porém tu limpas as nossas transgressões.

4 Bem-aventurado aquele a quem tu escolhes, e fazes chegar a ti, para que habite em teus átrios; nós seremos fartos da bondade da tua casa e do teu santo templo.

5 Com coisas tremendas em justiça nos responderás, ó Deus da nossa salvação; tu és a esperança de todas as extremidades da Terra, e daqueles que estão longe sobre o mar.

6 O que pela sua força consolida os montes, cingido de fortaleza;

7 O que aplaca o ruído dos mares, o ruído das suas ondas, e o tumulto dos povos.

8 E os que habitam nos fins da Terra temem os teus sinais; tu fazes alegres as saídas da manhã e da tarde.

9 Tu visitas a Terra, e a refrescas; tu a enriqueces grandemente com o rio de Deus, que está cheio de água; tu lhe preparas o trigo, quando assim a tens preparada.

10 Enchem de água os seus sulcos; tu lhe aplanas as leivas; tu a amoleces com a muita chuva; abençoas as suas novidades.

11 Coroas o ano com a tua bondade, e as tuas veredas destilam gordura.

12 Destilam sobre os pastos do deserto, e os outeiros os cingem de alegria.

13 Os campos se vestem de rebanhos, e os vales se cobrem de trigo; eles se regozijam e cantam.

A verdadeira religião é aquela em que
o amor é o ensinamento principal.

᫤ Salmo 66 ᪥

Ajuda a banir a tristeza e a falta de estímulo; regulariza o sono; contribui para a justiça social e para as partilhas.

1 Celebrai com júbilo a Deus, todas as terras.

2 Cantai a glória do seu nome; dai glória ao seu louvor.

3 Dizei a Deus: Quão tremendo és tu nas tuas obras! Pela grandeza do teu poder se submeterão a ti os teus inimigos.

4 Todos os moradores da Terra te adorarão e te cantarão; cantarão o teu nome. (Pausa)

5 Vinde, e vede as obras de Deus: é tremendo nos seus feitos para com os filhos dos homens.

6 Converteu o mar em terra seca; passaram o rio a pé; ali nos alegramos nele.

7 Ele domina eternamente pelo seu poder; os seus olhos estão sobre as nações; não se exaltem os rebeldes. (Pausa)

8 Bendizei, povos, ao nosso Deus, e fazei ouvir a voz do seu louvor,

9 Ao que sustenta com vida a nossa alma, e não consente que sejam abalados os nossos pés.

10 Pois tu, ó Deus, nos provaste; tu nos afinaste como se afina a prata.

11 Tu nos puseste na rede; afligiste as nossas costas,

12 Fizeste com que os homens cavalgassem sobre as nossas cabeças; passamos pelo fogo e pela água; mas nos trouxeste a um lugar espaçoso.

13 Entrarei em tua casa com holocaustos; pagar-te-ei os meus votos.

14 Votos pronunciados pelos meus lábios, e falou a minha boca, quando estava na angústia.

15 Oferecer-te-ei holocaustos gordurosos com incenso de carneiros; oferecerei novilhos com cabritos. (Pausa)

16 Vinde, e ouvi, todos os que temeis a Deus, e eu contarei o que ele tem feito à minha alma.

17 A ele clamei com a minha boca, e ele foi exaltado pela minha língua.

18 Se eu atender ao pecado no meu coração, o Senhor não me ouvirá;

19 Mas, na verdade, Deus me ouviu; atendeu à voz da minha oração.

20 Bendito seja Deus, que não rejeitou a minha oração, nem desviou de mim a sua misericórdia.

Eu sou feliz, porque sou filho de Deus perfeito.

ꙫ Salmo 67 ꙫ

Alivia e conforta o desespero; ajuda a encontrar nova
moradia pessoal ou profissional; traz êxito em
viagens e estimula a aceitação.

1 Deus tenha misericórdia de nós e nos abençoe; e faça resplandecer o
seu rosto sobre nós (Pausa)

2 Para que se conheça na terra o teu caminho, e entre todas as nações a
tua salvação.

3 Louvem-te a ti, ó Deus, os povos; louvem-te os povos todos.

4 Alegrem-se e regozijem-se as nações, pois julgarás os povos com
equidade, e governarás as nações sobre a Terra. (Pausa)

5 Louvem-te a ti, ó Deus, os povos; louvem-te os povos todos.

6 Então a Terra dará o seu fruto; e Deus, o nosso Deus, nos abençoará.

7 Deus nos abençoará, e todas as extremidades da terra o temerão.

Confie em Deus, que tudo se resolverá.

❧ Salmo 68 ❧

Ajuda a extinguir más ideias e projetos ruins; age contra
o abandono, o desencanto e as injustiças e
traz alívio para todas as coisas.

1 Levante-se Deus, e sejam dissipados os seus inimigos; fugirão de diante
dele os que o odeiam.

2 Como se dissipa a fumaça, assim tu os dissipas; assim como a cera se
derrete diante do fogo, assim pereçam os ímpios diante de Deus.

3 Mas alegrem-se os justos, e se regozijem na presença de Deus, e folguem
de alegria.

4 Cantai a Deus, cantai louvores ao seu nome; louvai aquele que vai
montado sobre os céus, pois o seu nome é Senhor, e exultai diante dele.

5 Pai de órfãos e juiz de viúvas é Deus, no seu lugar santo.

6 Deus faz que o solitário viva em família; liberta aqueles que estão presos
em grilhões; mas os rebeldes habitam em terra seca.

7 Ó Deus, quando saías diante do teu povo, quando caminhavas pelo
deserto, (Pausa)

8 A Terra abalava-se, e os céus destilavam perante a face de Deus; até o
próprio Sinai foi comovido na presença de Deus, do Deus de Israel.

9 Tu, ó Deus, mandaste a chuva em abundância, confortaste a tua herança,
quando estava cansada.

10 Nela habitava o teu rebanho; tu, ó Deus, fizeste provisão da tua bondade
para o pobre.

11 O Senhor deu a palavra; grande era o exército dos que anunciavam as
boas novas.

12 Reis de exércitos fugiram à pressa; e aquela que ficava em casa repartia
os despojos.

13 Ainda que vos tenhais deitado entre redis, contudo sereis como as asas
duma pomba, cobertas de prata, e as suas penas, de ouro amarelo.

_122_ ❧ A Força dos Salmos

14 Quando o Onipotente ali espalhou os reis, foi como a neve em Zalmon.

15 O monte de Deus é como o monte de Basã, um monte elevado como o monte de Basã.

16 Por que saltais, ó montes elevados? Este é o monte que Deus desejou para a sua habitação, e o Senhor habitará nele eternamente.

17 Os carros de Deus são vinte milhares, milhares de milhares. O Senhor está entre eles, como em Sinai, no lugar santo.

18 Tu subiste ao alto, levaste cativo o cativeiro, recebeste dons para os homens, e até para os rebeldes, para que o Senhor Deus habitasse entre eles.

19 Bendito seja o Senhor, que de dia em dia nos carrega de benefícios; o Deus que é a nossa salvação. (Pausa)

20 O nosso Deus é o Deus da salvação; e a Deus, o Senhor, pertencem os livramentos da morte.

21 Mas Deus ferirá gravemente a cabeça de seus inimigos e o crânio cabeludo do que anda em suas culpas.

22 Disse o Senhor: Eu os farei voltar de Basã, farei voltar o meu povo das profundezas do mar;

23 Para que o teu pé mergulhe no sangue de teus inimigos, e no mesmo a língua dos teus cães.

24 Ó Deus, eles têm visto os teus caminhos; os caminhos do meu Deus, meu Rei, no santuário.

25 Os cantores iam adiante, os tocadores de instrumentos atrás; entre eles as donzelas tocando adufes.

26 Celebrai a Deus nas congregações; ao Senhor, desde a fonte de Israel.

27 Ali está a pequena tribo de Benjamim, que domina sobre eles, os príncipes de Judá com o seu ajuntamento, os príncipes de Zebulom e os príncipes de Naftali.

28 O teu Deus ordenou a tua força; fortalece, ó Deus, o que já fizeste para nós.

29 Por amor do teu templo em Jerusalém, os reis te trarão presentes.

30 Repreende asperamente as feras dos canaviais, a multidão dos touros, com os novilhos dos povos, até que cada um se submeta com peças de prata; dissipa os povos que desejam a guerra.

31 Príncipes virão do Egito; a Etiópia cedo estenderá para Deus as suas mãos.

32 Reino da Terra cante a Deus, cantai louvores ao Senhor. (Pausa)

33 Àquele que vai montado sobre os céus dos céus, que existiam desde a antiguidade; eis que envia a sua voz, dá um brado veemente.

34 Atribui a Deus fortaleza; a sua excelência está sobre Israel e a sua fortaleza nas mais altas nuvens.

35 Ó Deus, tu és tremendo desde os teus santuários; o Deus de Israel é o que dá força e poder ao seu povo. Bendito seja Deus!

Se tiver que fazer uma escolha,
siga sempre a vontade de seu coração.

❧ Salmo 69 ❧

Graz sucesso profissional, confiabilidade em empréstimos, coragem e ajuda a resgatar dívidas.

1 Livra-me, ó Deus, pois as águas entraram até à minha alma.

2 Atolei-me em profundo lamaçal, onde se não pode estar em pé; entrei na profundeza das águas, onde a corrente me leva.

3 Estou cansado de clamar; a minha garganta se secou; os meus olhos desfalecem esperando o meu Deus.

4 Aqueles que me odeiam sem causa são mais do que os cabelos da minha cabeça; aqueles que procuram destruir-me, sendo injustamente meus inimigos, são poderosos; então restituí o que não furtei.

5 Tu, ó Deus, bem conheces a minha estultice; e os meus pecados não te são encobertos.

6 Não sejam envergonhados por minha causa aqueles que esperam em ti, ó Senhor, Deus dos Exércitos; não sejam confundidos por minha causa aqueles que te buscam, ó Deus de Israel.

7 Porque por amor de ti tenho suportado afrontas; a confusão cobriu o meu rosto.

8 Tenho-me tornado um estranho para com meus irmãos, e um desconhecido para com os filhos de minha mãe.

9 Pois o zelo da tua casa me devorou, e as afrontas dos que te afrontam caíram sobre mim.

10 Quando chorei, e castiguei com jejum a minha alma, isto se me tornou em afrontas.

11 Pus por vestido um saco, e me fiz um provérbio para eles.

12 Aqueles que se assentam à porta falam contra mim; e fui o cântico dos bebedores de bebida forte.

13 Eu, porém, faço a minha oração a ti, Senhor, num tempo aceitável; ó Deus, ouve-me segundo a grandeza da tua misericórdia, segundo a verdade da tua salvação.

14 Tira-me do lamaçal, e não me deixes atolar; seja eu livre dos que me odeiam, e das profundezas das águas.

15 Não me leve a corrente das águas, e não me absorva ao profundo, nem o poço cerre a sua boca sobre mim.

16 Ouve-me, Senhor, pois boa é a tua misericórdia. Olha para mim segundo a tua muitíssima piedade.

17 E não escondas o teu rosto do teu servo, porque estou angustiado; ouve-me depressa.

18 Aproxima-te da minha alma, e resgata-a; livra-me por causa dos meus inimigos.

19 Bem tens conhecido a minha afronta, e a minha vergonha, e a minha confusão; diante de ti estão todos os meus adversários.

20 Afrontas me quebrantaram o coração, e estou fraquíssimo; esperei por alguém que tivesse compaixão, mas não houve nenhum; e por consoladores, mas não os achei.

21 Deram-me fel por mantimento, e na minha sede me deram a beber vinagre.

22 Torne-se-lhes a sua mesa diante deles em laço, e a prosperidade em armadilha.

23 Escureçam-se-lhes os seus olhos, para que não vejam, e fazes com que os seus lombos tremam constantemente.

24 Derrama sobre eles a tua indignação, e prenda-os o ardor da tua ira.

25 Fique desolado o seu palácio; e não haja quem habite nas suas tendas.

26 Pois perseguem aquele a quem afligiste, e conversam sobre a dor daqueles a quem feriste.

27 Acrescenta iniquidade a iniquidade deles, e não entrem na tua justiça.

28 Sejam riscados do livro dos vivos, e não sejam inscritos com os justos.

29 Eu, porém, sou pobre e estou triste; ponha-me a tua salvação, ó Deus, num alto retiro.

30 Louvarei o nome de Deus com um cântico, e engrandecê-lo-ei com ação de graças.

31 Isto será mais agradável ao Senhor do que boi, ou bezerro, que tem chifres e unhas.

32 Os pobres verão isto, e se agradarão; o vosso coração viverá, pois que buscais a Deus.

33 Porque o Senhor ouve os necessitados, e não despreza os seus cativos.

34 Louvem-no os céus e a Terra, os mares e tudo quanto neles se move.

35 Porque Deus salvará a Sião, e edificará as cidades de Judá; para que habitem ali e a possuam.

36 E herdá-la-á a semente de seus servos, e os que amam o seu nome habitarão nela.

O sucesso é para quem sabe apreciar
e agradecer as dádivas da vida.

Salmo 70

Ajuda a obter paciência, resignação e amparo contra doenças e protege do mal e da falsidade.

1 Apressa-te, ó Deus, em me livrar; Senhor, apressa-te em ajudar-me.

2 Fiquem envergonhados e confundidos os que procuram a minha alma; voltem para trás e confundam-se os que me desejam mal.

3 Virem as costas como recompensa da sua vergonha os que dizem: Ah! Ah!

4 Folguem e alegrem-se em ti todos os que te buscam; e aqueles que amam a tua salvação digam continuamente: Engrandecido seja Deus.

5 Eu, porém, estou aflito e necessitado; apressa-te por mim, ó Deus. Tu és o meu auxílio e o meu libertador; Senhor, não te detenhas.

A natureza cria tesouros maravilhosos através da sua amorosa paciência.

⋙ Salmo 71 ⋘

Ajuda a alcançar igualdade social, protege os idosos;
traz paz, fraternidade, sucesso
e êxito profissional.

1 Em ti, Senhor, confio; nunca seja eu confundido.

2 Livra-me na tua justiça, e faze-me escapar; inclina os teus ouvidos para mim, e salva-me.

3 Sê tu a minha habitação forte, à qual possa recorrer continuamente. Deste um mandamento que me salva, pois tu és a minha rocha e a minha fortaleza.

4 Livra-me, meu Deus, das mãos do ímpio, das mãos do homem injusto e cruel.

5 Pois tu és a minha esperança, Senhor Deus; tu és a minha confiança desde a minha mocidade.

6 Por ti tenho sido sustentado desde o ventre; tu és aquele que me tiraste das entranhas de minha mãe; o meu louvor será para ti constantemente.

7 Sou como um prodígio para muitos, mas tu és o meu refúgio forte.

8 Encha-se a minha boca do teu louvor e da tua glória todo o dia.

9 Não me rejeites no tempo da velhice; não me desampares, quando se for acabando a minha força.

10 Porque os meus inimigos falam contra mim, e os que espiam a minha alma consultam juntos,

11 Dizendo: Deus o desamparou; persegui-o e tomai-o, pois não há quem o livre.

12 Ó Deus, não te alongues de mim; meu Deus apressa-te em ajudar-me.

13 Sejam confundidos e consumidos os que são adversários da minha alma; cubram-se de opróbrio e de confusão aqueles que procuram o meu mal.

14 Mas eu esperarei continuamente, e te louvarei cada vez mais.

15 A minha boca manifestará a tua justiça e a tua salvação todo o dia, pois não conheço o número delas.

16 Sairei na força do Senhor Deus, farei menção da tua justiça, e só dela.

17 Ensinaste-me, ó Deus, desde a minha mocidade; e até aqui tenho anunciado as tuas maravilhas.

18 Agora também, quando estou velho e de cabelos brancos, não me desampares, ó Deus, até que tenha anunciado a tua força a esta geração, e o teu poder a todos os vindouros.

19 Também a tua justiça, ó Deus, está muito alta, pois fizeste grandes coisas. Ó Deus, quem é semelhante a ti?

20 Tu, que me tens feito ver muitos males e angústias, me darás ainda a vida, e me tirarás dos abismos da terra.

21 Aumentarás a minha grandeza, e de novo me consolarás.

22 Também eu te louvarei com o saltério, bem como à tua verdade, ó meu Deus; cantarei com harpa a ti, ó Santo de Israel.

23 Os meus lábios exultarão quando eu te cantar, assim como a minha alma, que tu remiste.

24 A minha língua falará da tua justiça todo o dia; pois estão confundidos e envergonhados aqueles que procuram o meu mal.

Ser fraterno é aceitar amorosamente as pessoas
e aprender algo de valioso com cada um.

∽ Salmo 72 ∾

Ajuda a eliminar vícios; eleva a força e o vigor; proporciona um lar farto e abundante e traz paz.

1 Ó Deus, dá ao rei os teus juízos, e a tua justiça ao filho do rei.

2 Ele julgará ao teu povo com justiça, e aos teus pobres com juízo.

3 Os montes trarão paz ao povo, e os outeiros, justiça.

4 Julgará os aflitos do povo, salvará os filhos do necessitado, e quebrantará o opressor.

5 Temer-te-ão enquanto durarem o sol e a lua, de geração em geração.

6 Ele descerá como chuva sobre a erva ceifada, como os chuveiros que umedecem a Terra.

7 Nos seus dias florescerá o justo, e abundância de paz haverá enquanto durar a lua.

8 Dominará de mar a mar, e desde o rio até às extremidades da Terra.

9 Aqueles que habitam no deserto se inclinarão ante ele, e os seus inimigos lamberão o pó.

10 Os reis de Társis e das ilhas trarão presentes; os reis de Sabá e de Seba oferecerão dons.

11 E todos os reis se prostrarão perante ele; todas as nações o servirão.

12 Porque ele livrará ao necessitado quando clamar, como também ao aflito e ao que não tem quem o ajude.

13 Compadecer-se-á do pobre e do aflito, e salvará as almas dos necessitados.

14 Libertará as suas almas do engano e da violência, e precioso será o seu sangue aos olhos dele.

15 E viverá, e se lhe dará do ouro de Sabá; e continuamente se fará por ele oração; e todos os dias o bendirão.

16 Haverá um punhado de trigo na terra sobre as cabeças dos montes; o seu fruto se moverá como o Líbano, e os da cidade florescerão como a erva da terra.

Relação dos 150 Salmos e seus usos ∽ *131*

17 O seu nome permanecerá eternamente; o seu nome se irá propagando de pais a filhos enquanto o sol durar, e os homens serão abençoados nele; todas as nações lhe chamarão bem-aventurado.

18 Bendito seja o Senhor Deus, o Deus de Israel, que só ele faz maravilhas.

19 E bendito seja para sempre o seu nome glorioso; e encha-se toda a Terra da sua glória. Amém e Amém.

20 Aqui acabam as orações de Davi, filho de Jessé.

Vença a tentação do mal,
permita que o bem impere em você e em sua vida.

ᴄ Salmo 73 ᴄ

Promove resolução rápida de problemas; honra os humildes e protege contra maledicências.

1 Verdadeiramente bom é Deus para com Israel, para com os limpos de coração.

2 Quanto a mim, os meus pés quase que se desviaram; pouco faltou para que escorregassem os meus passos.

3 Pois eu tinha inveja dos néscios, quando via a prosperidade dos ímpios.

4 Porque não há apertos na sua morte, mas firme está a sua força.

5 Não se acham em trabalhos como outros homens, nem são afligidos como outros homens.

6 Por isso a soberba os cerca como um colar; vestem-se de violência como de adorno.

7 Os olhos deles estão inchados de gordura; eles têm mais do que o coração podia desejar.

8 São corrompidos e tratam maliciosamente de opressão; falam arrogantemente.

9 Põem as suas bocas contra os céus, e as suas línguas andam pela Terra.

10 Por isso o povo dele volta aqui, e águas de copo cheio se lhes espremem.

11 E eles dizem: Como o sabe Deus? Há conhecimento no Altíssimo?

12 Eis que estes são ímpios, e prosperam no mundo; aumentam em riquezas.

13 Na verdade que em vão tenho purificado o meu coração; e lavei as minhas mãos na inocência.

14 Pois todo o dia tenho sido afligido, e castigado cada manhã.

15 Se eu dissesse: Falarei assim; eis que ofenderia a geração de teus filhos.

16 Quando pensava em entender isto, foi para mim muito doloroso;

17 Até que entrei no santuário de Deus; então entendi eu o fim deles.

18 Certamente tu os puseste em lugares escorregadios; tu os lanças em destruição.

19 Como caem na desolação, quase num momento! Ficam totalmente consumidos de terrores.

20 Como um sonho, quando se acorda, assim, ó Senhor, quando acordares, desprezarás a aparência deles.

21 Assim o meu coração se azedou, e sinto picadas nos meus rins.

22 Assim me embruteci, e nada sabia; fiquei como um animal perante ti.

23 Todavia estou de contínuo contigo; tu me sustentaste pela minha mão direita.

24 Guiar-me-ás com o teu conselho, e depois me receberás na glória.

25 Quem tenho eu no céu senão a ti? E na Terra não há quem eu deseje além de ti.

26 A minha carne e o meu coração desfalecem; mas Deus é a fortaleza do meu coração, e a minha porção para sempre.

27 Pois eis que os que se alongam de ti, perecerão; tu tens destruído todos aqueles que se desviam de ti.

28 Mas para mim, bom é aproximar-me de Deus; pus a minha confiança no Senhor Deus, para anunciar todas as tuas obras.

Ao sermos humildes e receptivos à orientação interior,
nos libertamos de tudo que é supérfluo.

✆ Salmo 74 ✆

Auxilia nos ganhos de causas judiciais, dá amparo
aos mais necessitados e apoio na solução de
problemas profissionais conturbados.

1 Ó Deus, por que nos rejeitaste para sempre? Por que se acende a tua
ira contra as ovelhas do teu pasto?

2 Lembra-te da tua congregação, que compraste desde a antiguidade; da
vara da tua herança, que remiste; deste monte Sião, em que habitaste.

3 Levanta os teus pés para as perpétuas assolações, para tudo o que o
inimigo tem feito de mal no santuário.

4 Os teus inimigos bramam no meio dos teus lugares santos; põem neles
as suas insígnias por sinais.

5 Um homem se tornava famoso, conforme houvesse levantado machados, contra a espessura do arvoredo.

6 Mas agora toda obra entalhada de uma vez quebram com machados e
martelos.

7 Lançaram fogo no teu santuário; profanaram, derrubando-a até ao chão,
a morada do teu nome.

8 Disseram nos seus corações: Despojemo-los duma vez. Queimaram
todos os lugares santos de Deus na Terra.

9 Já não vemos os nossos sinais, já não há profeta, nem há entre nós
alguém que saiba até quando isto durará.

10 Até quando, ó Deus, nos afrontará o adversário? Blasfemará o inimigo
o teu nome para sempre?

11 Porque retiras a tua mão, a saber, a tua destra? Tira-a de dentro do teu seio.

12 Todavia Deus é o meu Rei desde a antiguidade, operando a salvação
no meio da Terra.

13 Tu dividiste o mar pela tua força; quebrantaste as cabeças das baleias
nas águas.

Relação dos 150 Salmos e seus usos ✆ *135*

14 Fizeste em pedaços as cabeças do leviatã, e o deste por mantimento aos habitantes do deserto.

15 Fendeste a fonte e o ribeiro; secaste os rios impetuosos.

16 Teu é o dia e tua é à noite; preparaste a luz e o sol.

17 Estabeleceste todos os limites da Terra; verão e inverno tu os formaste.

18 Lembra-te disto: que o inimigo afrontou ao Senhor e que um povo louco blasfemou o teu nome.

19 Não entregues às feras a alma da tua rola; não te esqueças para sempre da vida dos teus aflitos.

20 Atende a tua aliança; pois os lugares tenebrosos da Terra estão cheios de moradas de crueldade.

21 Oh, não volte envergonhado o oprimido; louvem o teu nome o aflito e o necessitado.

22 Levanta-te, ó Deus, pleiteia a tua própria causa; lembra-te da afronta que o louco te faz cada dia.

23 Não te esqueças dos gritos dos teus inimigos; o tumulto daqueles que se levantam contra ti aumenta continuamente.

Com os erros é que se aprende a acertar.

✌ Salmo 75 ✌

*Promove justiça de partilha; traz renovação
e paz progressiva; destrói inimizades e
ajuda na tomada de decisão.*

1 A ti, ó Deus, glorificamos, a ti damos louvor, pois o teu nome está perto, as tuas maravilhas o declaram.

2 Quando eu ocupar o lugar determinado, julgarei retamente.

3 A Terra e todos os seus moradores estão dissolvidos, mas eu fortaleci as suas colunas. (Pausa)

4 Disse eu aos loucos: Não enlouqueçais, e aos ímpios: Não levanteis a fronte;

5 Não levanteis a vossa fronte altiva, nem faleis com cerviz dura.

6 Porque nem do oriente, nem do ocidente, nem do deserto vem a exaltação.

7 Mas Deus é o Juiz: a um abate, e a outro exalta.

8 Porque na mão do Senhor há um cálice, cujo vinho é tinto; está cheio de mistura; e dá a beber dele; mas as escórias dele todos os ímpios da Terra as sorverão e beberão.

9 E eu o declararei para sempre; cantarei louvores ao Deus de Jacó.

10 E quebrarei todas as forças dos ímpios, mas as forças dos justos serão exaltadas.

*Ao tomar uma decisão as dúvidas desaparecem e nasce
uma nova pessoa, pronta para seguir em frente e para o melhor.*

✑ Salmo 76 ✑

Bom para meditação; favorece as conquistas; traz equilíbrio para a espiritualidade e anseio ao bem comum.

1 Conhecido é Deus em Judá; grande é o seu nome em Israel.

2 E em Salém está o seu tabernáculo, e a sua morada em Sião.

3 Ali quebrou as flechas do arco; o escudo, e a espada, e a guerra. (Pausa)

4 Tu és mais ilustre e glorioso do que os montes de caça.

5 Os que são ousados de coração são despojados; dormiram o seu sono; e nenhum dos homens de força achou as próprias mãos.

6 À tua repreensão, ó Deus de Jacó, carros e cavalos são lançados num sono profundo.

7 Tu és temível; e quem subsistirá à tua vista, uma vez que te irares?

8 Desde os céus fizeste ouvir o teu juízo; a Terra tremeu e se aquietou,

9 Quando Deus se levantou para fazer juízo, para livrar a todos os mansos da Terra. (Pausa)

10 Certamente a cólera do homem redundará em teu louvor; o restante da cólera tu o restringirás.

11 Fazei votos, e pagai ao Senhor vosso Deus; tragam presentes, os que estão em redor dele, àquele que é temível.

12 Ele ceifará o espírito dos príncipes; é tremendo para com os reis da Terra.

Qualquer que seja seu trabalho, ele deve ser sempre feito com prazer e satisfação.

✑ Salmo 77 ✑

Combate o exagero; auxilia a desatar nós do passado; traz êxito em viagens estrangeiras e desperta o sentimento de misericórdia.

1 Clamei a Deus com a minha voz, a Deus levantei a minha voz, e ele inclinou para mim os ouvidos.

2 No dia da minha angústia busquei ao Senhor; a minha mão se estendeu de noite, e não cessava; a minha alma recusava ser consolada.

3 Lembrava-me de Deus, e me perturbei; queixava-me, e o meu espírito desfalecia. (Pausa)

4 Sustentaste os meus olhos acordados; estou tão perturbado que não posso falar.

5 Considerava os dias da antiguidade, os anos dos tempos antigos.

6 De noite chamei à lembrança o meu cântico; meditei em meu coração, e o meu espírito esquadrinhou.

7 Rejeitará o Senhor para sempre e não tornará a ser favorável?

8 Cessou para sempre a sua benignidade? Acabou-se já a promessa de geração em geração?

9 Esqueceu-se Deus de ter misericórdia? Ou encerrou ele as suas misericórdias na sua ira? (Pausa)

10 E eu disse: Isto é enfermidade minha; mas eu me lembrarei dos anos da destra do Altíssimo.

11 Eu me lembrarei das obras do Senhor; certamente que eu me lembrarei das tuas maravilhas da antiguidade.

12 Meditarei também em todas as tuas obras, e falarei dos teus feitos.

13 O teu caminho, ó Deus, está no santuário. Quem é Deus tão grande como o nosso Deus?

14 Tu és o Deus que fazes maravilhas; tu fizeste notória a tua força entre os povos. (Pausa)

15 Com o teu braço remiste o teu povo, os filhos de Jacó e de José (Pausa)

16 As águas te viram, ó Deus, as águas te viram, e tremeram; os abismos também se abalaram.

17 As nuvens lançaram água, os céus deram um som; as tuas flechas correram duma para outra parte.

18 A voz do teu trovão estava no céu; os relâmpagos iluminaram o mundo; a Terra se abalou e tremeu.

19 O teu caminho é no mar, e as tuas veredas nas águas grandes, e os teus passos não são conhecidos.

20 Guiaste o teu povo, como a um rebanho, pela mão de Moisés e de Arão.

Em tempo algum, nenhuma pessoa poderá
ser feliz sobre a infelicidade de outra.

⸎ Salmo 78 ⸎

Favorece a compreensão dos ensinamentos;
traz auxílio para a força de expressão e
afasta a falta de clareza e de coerência.

1 Escutai a minha lei, povo meu; inclinai os vossos ouvidos às palavras da minha boca.

2 Abrirei a minha boca numa parábola; falarei enigmas da antiguidade.

3 Os quais temos ouvido e sabido, e nossos pais no-los têm contado.

4 Não os encobriremos aos seus filhos, mostrando à geração futura os louvores do Senhor, assim como a sua força e as maravilhas que fez.

5 Porque ele estabeleceu um testemunho em Jacó, e pôs uma lei em Israel, a qual deu aos nossos pais para que a fizessem conhecer a seus filhos;

6 Para que a geração vindoura a soubesse, os filhos que nascessem, os quais se levantassem e a contassem a seus filhos;

7 Para que pusessem em Deus a sua esperança, e se não esquecessem das obras de Deus, mas guardassem os seus mandamentos.

8 E não fossem como seus pais, geração contumaz e rebelde, geração que não regeu o seu coração, e cujo espírito não foi fiel a Deus.

9 Os filhos de Efraim, armados e trazendo arcos, viraram as costas no dia da peleja.

10 Não guardaram a aliança de Deus, e recusaram andar na sua lei;

11 E esqueceram-se das suas obras e das maravilhas que lhes fizera ver.

12 Maravilhas que ele fez à vista de seus pais na terra do Egito, no campo de Zoa.

13 Dividiu o mar, e os fez passar por ele; fez com que as águas parassem como num montão.

14 De dia os guiou por uma nuvem, e toda à noite por uma luz de fogo.

15 Fendeu as penhas no deserto; e deu-lhes de beber como de grandes abismos.

16 Fez sair fontes da rocha, e fez correr as águas como rios.

Relação dos 150 Salmos e seus usos ⸎ *141*

17 E ainda prosseguiram em pecar contra ele, provocando ao Altíssimo na solidão.

18 E tentaram a Deus nos seus corações, pedindo carne para o seu apetite.

19 E falaram contra Deus, e disseram: Acaso pode Deus preparar-nos uma mesa no deserto?

20 Eis que feriu a penha, e águas correram dela: rebentaram ribeiros em abundância. Poderá também dar-nos pão, ou preparar carne para o seu povo?

21 Portanto o Senhor os ouviu, e se indignou; e acendeu um fogo contra Jacó, e furor também subiu contra Israel;

22 Porquanto não creram em Deus, nem confiaram na sua salvação;

23 Ainda que mandara às altas nuvens, e abriu as portas dos céus,

24 E chovera sobre eles o maná para comerem, e lhes dera do trigo do Céu.

25 O homem comeu o pão dos anjos; ele lhes mandou comida a fartar.

26 Fez soprar o vento do oriente nos céus, e o trouxe do sul com a sua força.

27 E choveu sobre eles carne como pó, e aves de asas como a areia do mar.

28 E as fez cair no meio do seu arraial, ao redor de suas habitações.

29 Então comeram e se fartaram bem; pois lhes cumpriu o seu desejo.

30 Não refrearam o seu apetite. Ainda lhes estava a comida na boca,

31 Quando a ira de Deus desceu sobre eles, e matou os mais robustos deles, e feriu os escolhidos de Israel.

32 Com tudo isto ainda pecaram, e não deram crédito às suas maravilhas.

33 Por isso consumiu os seus dias na vaidade e os seus anos na angústia.

34 Quando os matava, então o procuravam; e voltavam, e de madrugada buscavam a Deus.

35 E se lembravam de que Deus era a sua rocha, e o Deus Altíssimo o seu Redentor.

36 Todavia lisonjeavam-no com a boca, e com a língua lhe mentiam.

37 Porque o seu coração não era reto para com ele, nem foram fiéis na sua aliança.

38 Ele, porém, que é misericordioso, perdoou a sua iniquidade; e não os destruiu, antes muitas vezes desviou deles o seu furor, e não despertou toda a sua ira.

39 Porque se lembrou de que era de carne, vento que passa e não volta.

40 Quantas vezes o provocaram no deserto, e o entristeceram na solidão!

41 Voltaram atrás, e tentaram a Deus, e limitaram o Santo de Israel.

42 Não se lembraram da sua mão, nem do dia em que os livrou do adversário;

43 Como operou os seus sinais no Egito, e as suas maravilhas no campo de Zoa;

44 E converteu os seus rios em sangue, e as suas correntes, para que não pudessem beber.

45 Enviou entre eles enxames de moscas que os consumiram, e rãs que os destruíram.

46 Deu também ao pulgão a sua novidade, e o seu trabalho aos gafanhotos.

47 Destruíram as suas vinhas com saraiva, e os seus sicômoros com pedrisco.

48 Também entregou o seu gado à saraiva, e os seus rebanhos aos coriscos.

49 Lançou sobre eles o ardor da sua ira, furor, indignação, e angústia, mandando mensageiros de males contra eles.

50 Preparou caminho à sua ira; não poupou as suas almas da morte, mas entregou à pestilência as suas vidas.

51 E feriu a todo primogênito no Egito, primícias da sua força nas tendas de Cão.

52 Mas fez com que o seu povo saísse como ovelhas, e os guiou pelo deserto como um rebanho.

53 E os guiou com segurança, que não temeram; mas o mar cobriu os seus inimigos.

54 E os trouxe até ao termo do seu santuário, até este monte que a sua destra adquiriu.

55 E expulsou as nações de diante deles, e lhes dividiu uma herança por linha, e fez habitar em suas tendas as tribos de Israel.

56 Contudo tentaram e provocaram o Deus Altíssimo, e não guardaram os seus testemunhos.

57 Mas retirou-se para trás, e portaram-se infielmente como seus pais; viraram-se como um arco enganoso.

58 Pois o provocaram à ira com os seus altos, e moveram o seu zelo com as suas imagens de escultura.

59 Deus ouviu isto e se indignou; e aborreceu a Israel sobremodo.

60 Por isso desamparou o tabernáculo em Silo, a tenda que estabeleceu entre os homens.

61 E deu a sua força ao cativeiro, e a sua glória à mão do inimigo.

62 E entregou o seu povo à espada, e se enfureceu contra a sua herança.

63 O fogo consumiu os seus jovens, e as suas moças não foram dadas em casamento.

64 Os seus sacerdotes caíram à espada, e as suas viúvas não fizeram lamentação.

65 Então o Senhor despertou, como quem acaba de dormir, como um valente que se alegra com o vinho.

66 E fez recuar os seus adversários, e para sempre os entregou à vergonha.

67 Além disto, recusou o tabernáculo de José, e não elegeu a tribo de Efraim.

68 Antes elegeu a tribo de Judá; o monte Sião, que ele amava.

69 E edificou o seu santuário como altos palácios, como a Terra, que fundou para sempre.

70 Também elegeu a Davi seu servo, e o tirou dos apriscos das ovelhas;

71 E o tirou do cuidado das que se acharam prenhes; para apascentar a Jacó, seu povo, e a Israel, sua herança.

72 Assim os apascentou, segundo a integridade do seu coração, e os guiou pela perícia de suas mãos.

Hoje vou concretizar o meu mais importante objetivo.

✐ Salmo 79 ✐

Ajuda a sobressair-se profissionalmente; afasta a tristeza e suprime o ciúme e a inveja.

1 Ó Deus, os gentios vieram à tua herança; contaminaram o teu santo templo; reduziram Jerusalém a montões de pedras.

2 Deram os corpos mortos dos teus servos por comida às aves dos céus, e a carne dos teus santos às feras da Terra.

3 Derramaram o sangue deles como a água ao redor de Jerusalém, e não houve quem os enterrasse.

4 Somos feitos opróbrio para nossos vizinhos, escárnio e zombaria para os que estão à roda de nós.

5 Até quando, Senhor? Acaso te indignarás para sempre? Arderá o teu zelo como fogo?

6 Derrama o teu furor sobre os gentios que não te conhecem, e sobre os reinos que não invocam o teu nome.

7 Porque devoraram a Jacó, e assolaram as suas moradas.

8 Não te lembres das nossas iniquidades passadas; venham ao nosso encontro depressa as tuas misericórdias, pois já estamos muito abatidos.

9 Ajuda-nos, ó Deus da nossa salvação, pela glória do teu nome; e livra-nos, e perdoa os nossos pecados por amor do teu nome.

10 Porque diriam os gentios: Onde está o seu Deus? Seja ele conhecido entre os gentios, à nossa vista, pela vingança do sangue dos teus servos, que foi derramado.

11 Venha perante a tua face o gemido dos presos; segundo a grandeza do teu braço preserva aqueles que estão sentenciados à morte.

12 E torna aos nossos vizinhos, no seu regaço, sete vezes tanto da sua injúria com a qual te injuriaram, Senhor.

13 Assim nós, teu povo e ovelhas de teu pasto, te louvaremos eternamente; de geração em geração cantaremos os teus louvores.

Maravilhoso! Tudo está me acontecendo perfeitamente como desejei.

Salmo 80

Encoraja os dons das pessoas; ajuda a cumprir missões; favorece o conhecimento em idiomas; traz harmonia e protege contra disputas injustas.

1 Ó pastor de Israel, dá ouvidos; tu, que guias a José como a um rebanho; tu, que te assentas entre os querubins, resplandece.

2 Perante Efraim, Benjamim e Manassés, desperta o teu poder, e vem nos salvar.

3 Faze-nos voltar, ó Deus, e faze resplandecer o teu rosto, e seremos salvos.

4 O Senhor Deus dos Exércitos, até quando te indignarás contra a oração do teu povo?

5 Tu os sustentas com pão de lágrimas, e lhes dás a beber lágrimas com abundância.

6 Tu nos pões em contendas com os nossos vizinhos, e os nossos inimigos zombam de nós entre si.

7 Faze-nos voltar, ó Deus dos Exércitos, e faze resplandecer o teu rosto, e seremos salvos.

8 Trouxeste uma vinha do Egito; lançaste fora os gentios, e a plantaste.

9 Preparaste-lhe lugar, e fizeste com que ela deitasse raízes, e encheu a Terra.

10 Os montes foram cobertos da sua sombra, e os seus ramos se fizeram como os formosos cedros.

11 Ela estendeu a sua ramagem até ao mar, e os seus ramos até ao rio.

12 Por que quebraste então os seus valados, de modo que todos os que passam por ela a vindimam?

13 O javali da selva a devasta, e as feras do campo a devoram.

14 Oh! Deus dos Exércitos, volta-te, nós te rogamos, atende dos céus, e vê, e visita esta vinha;

15 E a videira que a tua destra plantou, e o sarmento que fortificaste para ti.

16 Está queimada pelo fogo, está cortada; pereceu pela repreensão da tua face.

17 Seja a tua mão sobre o homem da tua destra, sobre o filho do homem, que fortificaste para ti.

18 Assim nós não te viraremos as costas; guarda-nos em vida, e invocaremos o teu nome.

19 Faze-nos voltar, Senhor Deus dos Exércitos; faze resplandecer o teu rosto, e seremos salvos.

Aproveite este dia para demonstrar
seu amor pelas pessoas; elogie-as!

Salmo 81

Ajuda a assimilar os estudos; ampara e protege o órfão; traz compreensão e combate a depressão.

1 Exultai a Deus, nossa fortaleza; jubilai ao Deus de Jacó.

2 Tomai um salmo, e trazei o tamborim, a harpa suave e o saltério.

3 Tocai a trombeta na lua nova, no tempo apontado da nossa solenidade.

4 Porque isto era um estatuto para Israel, e uma lei do Deus de Jacó.

5 Ordenou-o em José por testemunho, quando saíra pela terra do Egito, onde ouvi uma língua que não entendia.

6 Tirei de seus ombros a carga; as suas mãos foram livres dos cestos.

7 Clamaste na angústia, e te livrei; respondi-te no lugar oculto dos trovões; provei-te nas águas de Meribá. (Pausa)

8 Ouve-me, povo meu, e eu te atestarei: Ah, Israel, se me ouvires!

9 Não haverá entre ti Deus alheio, nem te prostrarás ante um deus estranho.

10 Eu sou o Senhor teu Deus, que te tirei da terra do Egito; abre bem a tua boca, e te encherei.

11 Mas o meu povo não quis ouvir a minha voz, e Israel não me quis.

12 Portanto eu os entreguei aos desejos dos seus corações, e andaram nos seus próprios conselhos.

13 Oh! Se o meu povo me tivesse ouvido! Se Israel andasse nos meus caminhos!

14 Em breve abateria os seus inimigos, e viraria a minha mão contra os seus adversários.

15 Os que odeiam ao Senhor ter-se-lhe-iam sujeitado, e o seu tempo seria eterno.

16 E o sustentaria com o trigo mais fino, e o fartaria com o mel saído da rocha.

Jogue fora tudo que não lhe serve mais,
abra espaço para coisas novas.

Salmo 82

Ajuda a anular a angústia e a inquietação;
provoca mudanças benéficas a curto prazo
e traz clareza para as dúvidas.

1 Deus está na congregação dos poderosos; julga no meio dos deuses.

2 Até quando defendereis os injustos, e tomareis partido ao lado dos ímpios? (Pausa)

3 Fazei justiça ao pobre e ao órfão; justificai o aflito e o necessitado.

4 Livrai o pobre e o necessitado; tirai-os das mãos dos ímpios.

5 Eles não conhecem, nem entendem; andam em trevas; todos os fundamentos da Terra vacilam.

6 Eu disse: Vós sois deuses, e todos vós filhos do Altíssimo.

7 Todavia morrereis como homens, e caireis como qualquer dos príncipes.

8 Levanta-te, ó Deus, julga a Terra, pois tu possuis todas as nações.

As boas ações trazem grande satisfação
e elevam o seu espírito.

Salmo 83

*Facilita o reconhecimento, o respeito e
o carinho mútuo; afasta as amarguras
e aumenta a devoção e a fé.*

1 Ó Deus, não estejas em silêncio; não te cales, nem te aquietes, ó Deus,

2 Porque eis que teus inimigos fazem tumulto, e os que te odeiam levantaram a cabeça.

3 Tomaram astuto conselho contra o teu povo, e consultaram contra os teus escondidos.

4 Disseram: Vinde, e desarraiguemo-los para que não sejam nação, nem haja mais memória do nome de Israel.

5 Porque consultaram juntos e unânimes; eles se unem contra ti:

6 As tendas de Edom, e dos ismaelitas, de Moabe, e dos agarenos,

7 De Gebal, e de Amom, e de Amaleque, a Filístia, com os moradores de Tiro;

8 Também a Assíria se ajuntou com eles; foram ajudar aos filhos de Ló. (Pausa)

9 Faze-lhes como aos midianitas; como a Sísera, como a Jabim na ribeira de Quisom;

10 Os quais pereceram em Endor; tornaram-se como estrume para a terra.

11 Faze aos seus nobres como a Orebe, e como a Zeebe; e a todos os seus príncipes, como a Zebá e como a Zalmuna,

12 Que disseram: Tomemos para nós as casas de Deus em possessão.

13 Deus meu, faze-os como um tufão, como a aresta diante do vento.

14 Como o fogo que queima um bosque, e como a chama que incendeia as montanhas,

15 Assim os persegue com a tua tempestade, e os assombra com o teu torvelinho.

16 Encha-se de vergonha as suas faces, para que busquem o teu nome, Senhor.

17 Confundam-se e assombrem-se perpetuamente; envergonhem-se, e pereçam,

18 Para que saibam que tu, a quem só pertence o nome de Senhor, és o Altíssimo sobre toda a Terra.

A fé nos abre para a sabedoria e o amor,
curando toda dúvida e hesitação.

Salmo 84

Traz felicidade; auxilia na permanência e na estabilidade no emprego; preserva a pessoa do mal e a resguarda.

1 Quão amáveis são os teus tabernáculos, Senhor dos Exércitos!

2 A minha alma está desejosa e desfalece pelos átrios do Senhor; o meu coração e a minha carne clamam pelo Deus vivo.

3 Até o pardal encontrou casa, e a andorinha ninho para si, onde ponha seus filhos, até mesmo nos teus altares, Senhor dos Exércitos, Rei meu e Deus meu.

4 Bem-aventurados os que habitam em tua casa; louvar-te-ão continuamente. (Pausa)

5 Bem-aventurado o homem cuja força está em ti, em cujo coração estão os caminhos aplanados.

6 Que, passando pelo vale de Baca, faz dele uma fonte; a chuva também enche os tanques.

7 Vão indo de força em força; cada um deles em Sião aparece perante Deus.

8 Senhor Deus dos Exércitos, escuta a minha oração; inclina os ouvidos, ó Deus de Jacó! (Pausa)

9 Olha, ó Deus, escudo nosso, e contempla o rosto do teu ungido.

10 Porque vale mais um dia nos teus átrios do que mil. Preferiria estar à porta da casa do meu Deus, a habitar nas tendas dos ímpios.

11 Porque o Senhor Deus é um sol e escudo; o Senhor dará graça e glória; não retirará bem algum aos que andam na retidão.

12 Senhor dos Exércitos, bem-aventurado o homem que em ti põe a sua confiança.

Sinto a felicidade de ser quem sou.

Salmo 85

Ajuda a alcançar o benefício solicitado e a ter o pedido atendido; proporciona coragem para confrontar inimigos e incentiva as reconciliações.

1 Abençoaste, Senhor, a tua Terra; fizeste voltar o cativeiro de Jacó.

2 Perdoaste a iniquidade do teu povo; cobriste todos os seus pecados. (Pausa)

3 Fizeste cessar toda a tua indignação; desviaste-te do ardor da tua ira.

4 Torna-nos a trazer, ó Deus da nossa salvação, e faze cessar a tua ira de sobre nós.

5 Acaso estarás sempre irado contra nós? Estenderá a tua ira a todas as gerações?

6 Não tornarás a vivificar-nos, para que o teu povo se alegre em ti?

7 Mostra-nos, Senhor, a tua misericórdia, e concede-nos a tua salvação.

8 Escutarei o que Deus, o Senhor, falar; porque falará de paz ao seu povo, e aos santos, para que não voltem à loucura.

9 Certamente que a salvação está perto daqueles que o temem, para que a glória habite na nossa Terra.

10 A misericórdia e a verdade se encontraram; a justiça e a paz se beijaram.

11 A verdade brotará da terra, e a justiça olhará desde os céus.

12 Também o Senhor dará o que é bom, e a nossa terra dará o seu fruto.

13 A justiça irá adiante dele, e nos porá no caminho das suas pisadas.

Se seus pensamentos são grandes,
o mesmo se dará em suas realizações.

Salmo 86

Aparecimento e reconhecimento da verdade;
triunfo sob todos os empreendimentos,
ajuda a atingir a graça pedida.

1 Inclina, Senhor, os teus ouvidos, e ouve-me, porque estou necessitado e aflito.

2 Guarda a minha alma, pois sou santo: ó Deus meu, salva o teu servo, que em ti confia.

3 Tem misericórdia de mim, ó Senhor, pois a ti clamo todo o dia.

4 Alegra a alma do teu servo, pois a ti, Senhor, levanto a minha alma.

5 Pois tu, Senhor, és bom, e pronto a perdoar, e abundante em benignidade para todos os que te invocam.

6 Dá ouvidos, Senhor, à minha oração, e atende à voz das minhas súplicas.

7 No dia da minha angústia clamo a ti, porquanto me respondes.

8 Entre os deuses não há semelhante a ti, Senhor, nem há obras como as tuas.

9 Todas as nações que fizeste virão e se prostrarão perante a tua face, Senhor, e glorificarão o teu nome.

10 Porque tu és grande e fazes maravilhas; só tu és Deus.

11 Ensina-me, Senhor, o teu caminho, e andarei na tua verdade; une o meu coração ao temor do teu nome.

12 Louvar-te-ei, Senhor Deus meu, com todo o meu coração, e glorificarei o teu nome para sempre.

13 Pois grande é a tua misericórdia para comigo; e livraste a minha alma do inferno mais profundo.

14 Ó Deus, os soberbos se levantaram contra mim, e as assembleias dos tiranos procuraram a minha alma, e não te puseram perante os seus olhos.

15 Porém tu, Senhor, és um Deus cheio de compaixão, e piedoso, e grande em benignidade e em verdade.

16 Volta-te para mim, e tem misericórdia de mim; dá a tua fortaleza ao teu servo, e salva ao filho da tua serva.

17 Mostra-me um sinal para bem, para que o vejam aqueles que me odeiam, e se confundam; porque tu, Senhor, me ajudaste e me consolaste.

A graça eleva os ânimos e desimpede o caminho,
gerando milagres a todo momento.

Salmo 87

*Ajuda a decifrar enigmas; protege os enfermos;
motiva e dá disposição para o trabalho
e protege a família.*

1 O seu fundamento está nos montes santos.

2 O Senhor ama as portas de Sião, mais do que todas as habitações de Jacó.

3 Coisas gloriosas se dizem de ti, ó cidade de Deus. (Pausa)

4 Farei menção de Raabe e de Babilônia aqueles que me conhecem: eis que da Filístia, e de Tiro, e da Etiópia, se dirá: Este homem nasceu ali.

5 E de Sião se dirá: Este e aquele homem nasceram ali; e o mesmo Altíssimo a estabelecerá.

6 O Senhor contará na descrição dos povos que este homem nasceu ali. (Pausa)

7 Assim os cantores como os tocadores de instrumentos estarão lá; todas as minhas fontes estão em ti.

*A família é motivação e o incentivo Divino
que habita e se move em todo nosso ser.*

✒ Salmo 88 ✒

Ajuda na preservação da posição social;
evita sofrimento, tentações e provações
e anula ressentimentos.

1 Senhor Deus da minha salvação, diante de ti tenho clamado de dia e de noite.

2 Chegue a minha oração perante a tua face, inclina os teus ouvidos ao meu clamor;

3 Porque a minha alma está cheia de angústia, e a minha vida se aproxima da sepultura.

4 Estou contado com aqueles que descem ao abismo; estou como homem sem forças,

5 Livre entre os mortos, como os feridos de morte que jazem na sepultura, dos quais te não lembras mais, e estão cortados da tua mão.

6 Puseste-me no abismo mais profundo, em trevas e nas profundezas.

7 Sobre mim pesa o teu furor; tu me afligiste com todas as tuas ondas. (Pausa)

8 Alongaste de mim os meus conhecidos, puseste-me em extrema abominação para com eles. Estou fechado, e não posso sair.

9 A minha vista desmaia por causa da aflição, Senhor, tenho clamado a ti todo o dia, tenho estendido para ti as minhas mãos.

10 Mostrarás, tu, maravilhas aos mortos, ou os mortos se levantarão e te louvarão? (Pausa)

11 Será anunciada a tua benignidade na sepultura, ou a tua fidelidade na perdição?

12 Saber-se-ão as tuas maravilhas nas trevas, e a tua justiça na terra do esquecimento?

13 Eu, porém, Senhor, tenho clamado a ti, e de madrugada te esperará a minha oração.

14 Senhor, porque rejeitas a minha alma? Por que escondes de mim a tua face?

15 Estou aflito, e prestes tenho estado a morrer desde a minha mocidade; enquanto sofro os teus terrores, estou perturbado.

16 A tua ardente indignação sobre mim vai passando; os teus terrores me têm retalhado.

17 Eles me rodeiam todo o dia como água; eles juntos me sitiam.

18 Desviaste para longe de mim amigos e companheiros, e os meus conhecidos estão em trevas.

A alegria leve e luminosa afasta o sofrimento;
sinto a alegria de ser quem sou aqui e agora.

Salmo 89

Serenidade em testes e exames; boa colocação profissional; combate o abatimento e incentiva a fidelidade.

1 As benignidades do Senhor cantarei perpetuamente; com a minha boca manifestarei a tua fidelidade de geração em geração.

2 Pois disse eu: A tua benignidade será edificada para sempre; tu confirmarás a tua fidelidade até nos céus, dizendo:

3 Fiz uma aliança com o meu escolhido, e jurei ao meu servo Davi, dizendo:

4 A tua semente estabelecerei para sempre, e edificarei o teu trono de geração em geração. (Pausa)

5 E os céus louvarão as tuas maravilhas, ó Senhor, a tua fidelidade também na congregação dos santos.

6 Pois quem no céu se pode igualar ao Senhor? Quem entre os filhos dos poderosos pode ser semelhante ao Senhor?

7 Deus é muito formidável na assembleia dos santos, e para ser reverenciado por todos os que o cercam.

8 O Senhor Deus dos Exércitos, quem é poderoso como tu, Senhor, com a tua fidelidade ao redor de ti?

9 Tu dominas o ímpeto do mar; quando as suas ondas se levantam, tu as fazes aquietar.

10 Tu quebraste a Raabe como se fora ferida de morte; espalhaste os teus inimigos com o teu braço forte.

11 Teus são os céus, e tua é a Terra; o mundo e a sua plenitude tu os fundaste.

12 O Norte e o Sul tu os criaste; Tabor e Hermom jubilam em teu nome.

13 Tu tens um braço poderoso; forte é a tua mão, e alta está a tua destra.

14 Justiça e juízo são a base do teu trono; misericórdia e verdade irão adiante do teu rosto.

15 Bem-aventurado o povo que conhece o som alegre; andará, ó Senhor, na luz da tua face.

16 Em teu nome se alegrará todo o dia, e na tua justiça se exaltará.

17 Pois tu és a glória da sua força; e no teu favor será exaltado o nosso poder.

18 Porque o Senhor é a nossa defesa, e o Santo de Israel o nosso Rei.

19 Então falaste em visão ao teu santo, e disseste: Pus o socorro sobre um que é poderoso; exaltei a um eleito do povo.

20 Achei a Davi, meu servo; com santo óleo o ungi,

21 Com o qual a minha mão ficará firme, e o meu braço o fortalecerá.

22 O inimigo não o importunará, nem o filho da perversidade o afligirá.

23 E eu derrubarei os seus inimigos perante a sua face, e ferirei aos que o odeiam.

24 E a minha fidelidade e a minha benignidade estarão com ele; e em meu nome será exaltado o seu poder.

25 Porei também a sua mão no mar, e a sua direita nos rios.

26 Ele me chamará, dizendo: Tu és meu pai, meu Deus, e a rocha da minha salvação.

27 Também o farei meu primogênito mais elevado do que os reis da Terra.

28 A minha benignidade lhe conservarei eu para sempre, e a minha aliança lhe será firme,

29 E conservarei para sempre a sua semente, e o seu trono como os dias do Céu.

30 Se os seus filhos deixarem a minha lei, e não andarem nos meus juízos,

31 Se profanarem os meus preceitos, e não guardarem os meus mandamentos,

32 Então visitarei a sua transgressão com a vara, e a sua iniquidade com açoites.

33 Mas não retirarei totalmente dele a minha benignidade, nem faltarei à minha fidelidade.

34 Não quebrarei a minha aliança, não alterarei o que saiu dos meus lábios.

35 Uma vez jurei pela minha santidade que não mentirei a Davi.

36 A sua semente durará para sempre, e o seu trono, como o sol diante de mim.

37 Será estabelecido para sempre como a Lua e como uma testemunha fiel no Céu. (Pausa)

38 Mas tu rejeitaste e aborreceste; tu te indignaste contra o teu ungido.

39 Abominaste a aliança do teu servo; profanaste a sua coroa, lançando-a por terra.

40 Derrubaste todos os seus muros; arruinaste as suas fortificações.

41 Todos os que passam pelo caminho o despojam; é um opróbrio para os seus vizinhos.

42 Exaltaste a destra dos seus adversários; fizeste com que todos os seus inimigos se regozijassem.

43 Também embotaste o fio da sua espada, e não o sustentaste na peleja.

44 Fizeste cessar a sua glória, e deitaste por terra o seu trono.

45 Abreviaste os dias da sua mocidade; cobriste-o de vergonha. (Pausa)

46 Até quando, Senhor? Acaso te esconderás para sempre? Arderá a tua ira como fogo?

47 Lembra-te de quão breves são os meus dias; por que criarias debalde todos os filhos dos homens?

48 Que homem há, que viva, e não veja a morte? Livrará ele a sua alma do poder da sepultura? (Pausa)

49 Senhor, onde estão as tuas antigas benignidades que juraste a Davi pela tua verdade?

50 Lembra-te, Senhor, do opróbrio dos teus servos; como eu trago no meu peito o opróbrio de todos os povos poderosos,

51 Com o qual, Senhor, os teus inimigos têm difamado, com o qual têm difamado as pisadas do teu ungido.

52 Bendito seja o Senhor para sempre. Amém e Amém.

A serenidade nos torna feliz e nos deixa fluir com o momento, saboreando cada instante e nutrindo o nosso processo de crescimento.

❧ Salmo 90 ❧

**Protege contra roubos, sequestros, impostura
e fraudes; elimina distúrbios do sono
e ajuda a adquirir força.**

1 Senhor, tu tens sido o nosso refúgio, de geração em geração.

2 Antes que os montes nascessem, ou que tu formasses a Terra e o Mundo, mesmo de eternidade a eternidade, tu és Deus.

3 Tu reduzes o homem à destruição; e dizes: Tornai-vos, filhos dos homens.

4 Porque mil anos são aos teus olhos como o dia de ontem que passou, e como a vigília da noite.

5 Tu os levas como uma corrente de água; são como um sono; de manhã são como a erva que cresce.

6 De madrugada floresce e cresce; à tarde corta-se e seca.

7 Pois somos consumidos pela tua ira, e pelo teu furor somos angustiados.

8 Diante de ti puseste as nossas iniquidades, os nossos pecados ocultos, à luz do teu rosto.

9 Pois todos os nossos dias vão passando na tua indignação; passamos os nossos anos como um conto que se conta.

10 Os dias da nossa vida chegam a setenta anos, e se alguns, pela sua robustez, chegam a oitenta anos, o orgulho deles é canseira e enfado, pois cedo se corta e vamos voando.

11 Quem conhece o poder da tua ira? Segundo és tremendo, assim é o teu furor.

12 Ensina-nos a contar os nossos dias, de tal maneira que alcancemos corações sábios.

13 Volta-te para nós, Senhor; até quando? Aplaca-te para com os teus servos.

14 Farta-nos de madrugada com a tua benignidade, para que nos regozijemos, e nos alegremos todos os nossos dias.

15 Alegra-nos pelos dias em que nos afligiste, e pelos anos em que vimos o mal.

16 Apareça a tua obra aos teus servos, e a tua glória sobre seus filhos.

17 E seja sobre nós a formosura do Senhor nosso Deus, e confirma sobre nós a obra das nossas mãos; sim, confirma a obra das nossas mãos.

A força que está em cada um permite que a segurança e a felicidade, que são qualidades da alma, fluam dando-nos uma profunda segurança interior.

ꙮ Salmo 91 ꙮ

Ajuda a alcançar a vitória sobre os adversários e traz proteção, amparo e resguardo para todos os males e para a família.

1 Aquele que habita no esconderijo do Altíssimo à sombra do Onipotente descansará.

2 Direi do Senhor: Ele é o meu Deus, o meu refúgio, a minha fortaleza, e nele confiarei.

3 Porque ele te livrará do laço do passarinheiro, e da peste perniciosa.

4 Ele te cobrirá com as suas penas, e debaixo das suas asas te confiarás; a sua verdade será o teu escudo e broquel.

5 Não terás medo do terror de noite nem da seta que voa de dia,

6 Nem da peste que anda na escuridão, nem da mortandade que assola ao meio-dia.

7 Mil cairão ao teu lado, e dez mil à tua direita, mas não chegará a ti.

8 Somente com os teus olhos contemplarás, e verás a recompensa dos ímpios.

9 Porque tu, ó Senhor, és o meu refúgio. No Altíssimo fizeste a tua habitação.

10 Nenhum mal te sucederá, nem praga alguma chegará à tua tenda.

11 Porque aos seus anjos dará ordem a teu respeito, para te guardarem em todos os teus caminhos.

12 Eles te sustentarão nas suas mãos, para que não tropeces com o teu pé em pedra.

13 Pisarás o leão e a cobra; calcarás aos pés o filho do leão e a serpente.

14 Porquanto tão encarecidamente me amou, também eu o livrarei; pô-lo-ei em retiro alto, porque conheceu o meu nome.

15 Ele me invocará, e eu lhe responderei; estarei com ele na angústia; dela o retirarei, e o glorificarei.

16 Dar-lhe-ei abundância de dias, e lhe mostrarei a minha salvação.

O maior vencedor é aquele que sabe perder.

ᴄ Salmo 92 ᴄ

Inspira a criatividade e a benignidade
e proporciona saúde mental e física.

1 Bom é louvar ao Senhor, e cantar louvores ao teu nome, ó Altíssimo;

2 Para de manhã anunciar a tua benignidade, e todas as noites a tua fidelidade;

3 Sobre um instrumento de dez cordas, e sobre o saltério; sobre a harpa com som solene.

4 Pois tu, Senhor, me alegraste pelos teus feitos; exultarei nas obras das tuas mãos.

5 Quão grandes são, Senhor, as tuas obras! Mui profundos são os teus pensamentos.

6 O homem brutal não conhece, nem o louco entende isto.

7 Quando o ímpio crescer como a erva, e quando florescerem todos os que praticam a iniquidade, é que serão destruídos perpetuamente.

8 Mas tu, Senhor, és o Altíssimo para sempre.

9 Pois eis que os teus inimigos, Senhor, eis que os teus inimigos perecerão; serão dispersos todos os que praticam a iniquidade.

10 Porém tu exaltarás o meu poder, como o do boi selvagem. Serei ungido com óleo fresco.

11 Os meus olhos verão o meu desejo sobre os meus inimigos, e os meus ouvidos ouvirão o meu desejo acerca dos malfeitores que se levantam contra mim.

12 O justo florescerá como a palmeira; crescerá como o cedro no Líbano.

13 Os que estão plantados na casa do Senhor florescerão nos átrios do nosso Deus.

14 Na velhice ainda darão frutos; serão viçosos e vigorosos,

15 Para anunciar que o Senhor é reto. Ele é a minha rocha e nele não há injustiça.

O poder criativo do Universo está dentro do nosso ser. Com pensamentos, sentimentos e ações positivas, criamos nossa própria realidade.

❧ Salmo 93 ❧

*Traz riqueza; ajuda a afastar pessoas vingativas,
a restituir a paz e o bom convívio pessoal
e a readquirir a autoestima.*

1 O Senhor reina; está vestido de majestade. O Senhor se revestiu e cingiu de poder; o mundo também está firmado, e não poderá vacilar.

2 O teu trono está firme desde então; tu és desde a eternidade.

3 Os rios levantam, ó Senhor, os rios levantam o seu ruído, os rios levantam as suas ondas.

4 Mas o Senhor nas alturas é mais poderoso do que o ruído das grandes águas e do que as grandes ondas do mar.

5 Mui fiéis são os teus testemunhos; a santidade convém à tua casa, Senhor, para sempre.

*Que a luz de seu interior se multiplique e
fortaleça as luzes que se escondem em outros interiores.*

೧ Salmo 94 ೮

Promove a justiça; ajuda a obter dias felizes; anula imprecação de males e calamidades.

1 Ó Senhor Deus, a quem a vingança pertence, ó Deus, a quem a vingança pertence, mostra-te resplandecente.

2 Exalta-te, tu, que és juiz da Terra; dá a paga aos soberbos.

3 Até quando os ímpios, Senhor, até quando os ímpios saltarão de prazer?

4 Até quando proferirão, e falarão coisas duras, e se gloriarão todos os que praticam a iniquidade?

5 Reduzem a pedaços o teu povo, ó Senhor, e afligem a tua herança.

6 Matam a viúva e o estrangeiro, e ao órfão tiram a vida.

7 Contudo dizem: O Senhor não o verá; nem para isso atenderá o Deus de Jacó.

8 Atendei, ó brutais dentre o povo; e vós, loucos, quando sereis sábios?

9 Aquele que fez o ouvido não ouvirá? E o que formou o olho, não verá?

10 Aquele que repreende as nações não castigará? E o que ensina ao homem o conhecimento, não saberá?

11 O Senhor conhece os pensamentos do homem, que são vaidade.

12 Bem-aventurado é o homem a quem tu castigas, ó Senhor, e a quem ensinas a tua lei;

13 Para lhe dares descanso dos dias maus, até que se abra a cova para o ímpio.

14 Pois o Senhor não rejeitará o seu povo, nem desamparará a sua herança.

15 Mas o juízo voltará à retidão, e segui-lo-ão todos os retos de coração.

16 Quem será por mim contra os malfeitores? Quem se porá por mim contra os que praticam a iniquidade?

17 Se o Senhor não fora em meu auxílio, a minha alma quase que teria ficado no silêncio.

18 Quando eu disse: O meu pé vacila; a tua benignidade, Senhor, me susteve.

19 Na multidão dos meus pensamentos dentro de mim, as tuas consolações recrearam a minha alma.

20 Porventura o trono de iniquidade te acompanha, o qual forja o mal por uma lei?

21 Eles se ajuntam contra a alma do justo, e condenam o sangue inocente.

22 Mas o Senhor é a minha defesa; e o meu Deus é a rocha do meu refúgio.

23 E trará sobre eles a sua própria iniquidade; e os destruirá na sua própria malícia; o Senhor nosso Deus os destruirá.

Conquiste exatamente agora os resultados
positivos de seu futuro próximo.

ᔕ Salmo 95 ᔕ

Traz humildade, expectativa positiva naquilo que se deseja, paz coletiva entre pessoas e facilita a compreensão.

1 Vinde, cantemos ao Senhor; jubilemos à rocha da nossa salvação.

2 Apresentemo-nos ante a sua face com louvores, e celebremo-lo com salmos.

3 Porque o Senhor é Deus grande, e Rei grande sobre todos os deuses.

4 Nas suas mãos estão as profundezas da terra, e as alturas dos montes são suas.

5 Seu é o mar, e ele o fez, e as suas mãos formaram a terra seca.

6 Oh, vinde, adoremos e prostremo-nos; ajoelhemos diante do Senhor que nos criou.

7 Porque ele é o nosso Deus, e nós povo do seu pasto e ovelhas da sua mão. Se hoje ouvirdes a sua voz,

8 Não endureçais os vossos corações, assim como na provocação e como no dia da tentação no deserto;

9 Quando vossos pais me tentaram, provaram-me, e viram a minha obra.

10 Quarenta anos estive desgostado com esta geração, e disse: É um povo que erra de coração, e não tem conhecido os meus caminhos.

11 A quem jurei na minha ira que não entrarão no meu repouso.

Agarre com firmeza o agora!
Viva plenamente cada instante de seu hoje.

✑ Salmo 96 ✑

Ajuda a estender a generosidade, a imparcialidade e a integridade e traz sensação de triunfo.

1 Cantai ao Senhor um cântico novo, cantai ao Senhor toda a Terra.

2 Cantai ao Senhor, bendizei o seu nome; anunciai a sua salvação de dia em dia.

3 Anunciai entre as nações a sua glória; entre todos os povos as suas maravilhas.

4 Porque grande é o Senhor, e digno de louvor, mais temível do que todos os deuses.

5 Porque todos os deuses dos povos são ídolos, mas o Senhor fez os céus.

6 Glória e majestade estão ante a sua face, força e formosura no seu santuário.

7 Dai ao Senhor, ó famílias dos povos, dai ao Senhor glória e força.

8 Dai ao Senhor a glória devida ao seu nome; trazei oferenda, e entrai nos seus átrios.

9 Adorai ao Senhor na beleza da santidade; tremei diante dele toda a Terra.

10 Dizei entre as nações que o Senhor reina. O mundo também se firmará para que se não abale; julgará os povos com retidão.

11 Alegrem-se os céus, e regozije-se a Terra; brame o mar e a sua plenitude.

12 Alegre-se o campo com tudo o que há nele; então se regozijarão todas as árvores do bosque,

13 Ante a face do Senhor, porque vem, porque vem a julgar a Terra; julgará o mundo com justiça e os povos com a sua verdade.

Aceitar e expressar todos os nossos aspectos é viver com integridade, conscientes de que somos canais para a expressão viva do nosso espírito.

Salmo 97

**Ajuda a estabelecer a paz conjugal, a harmonia
e a conciliação entre as pessoas e traz compreensão.**

1 O Senhor reina; regozije-se a Terra; alegrem-se as muitas ilhas.

2 Nuvens e escuridão estão ao redor dele; justiça e juízo são a base do seu trono.

3 Um fogo vai adiante dele, e abrasa os seus inimigos em redor.

4 Os seus relâmpagos iluminam o mundo; a Terra viu e tremeu.

5 Os montes derretem como cera na presença do Senhor, na presença do Senhor de toda a Terra.

6 Os céus anunciam a sua justiça, e todos os povos veem a sua glória.

7 Confundidos sejam todos os que servem imagens de escultura, que se gloriam de ídolos; prostrai-vos diante dele todos os deuses.

8 Sião ouviu e se alegrou; e os filhos de Judá se alegraram por causa da tua justiça, ó Senhor.

9 Pois tu, Senhor, és o mais alto sobre toda a Terra; tu és muito mais exaltado do que todos os deuses.

10 Vós, que amais ao Senhor, odiai o mal. Ele guarda as almas dos seus santos; ele os livra das mãos dos ímpios.

11 A luz semeia-se para o justo, e a alegria para os retos de coração.

12 Alegrai-vos, ó justos, no Senhor, e dai louvores à memória da sua santidade.

Transforme as suas críticas em elogios.

∽ Salmo 98 ∾

Favorece bons encontros pessoais; ajuda a serenar ambientes pessoal e profissional e traz alegria.

1 Cantai ao Senhor um cântico novo, porque fez maravilhas; a sua destra e o seu braço santo lhe alcançaram a salvação.

2 O Senhor fez notória a sua salvação, manifestou a sua justiça perante os olhos das nações.

3 Lembrou-se da sua benignidade e da sua verdade para com a casa de Israel; todas as extremidades da Terra viram a salvação do nosso Deus.

4 Exultai no Senhor toda a Terra; exclamai e alegrai-vos de prazer, e cantai louvores.

5 Cantai louvores ao Senhor com a harpa; com a harpa e a voz do canto.

6 Com trombetas e som de cornetas, exultai perante a face do Senhor, do Rei.

7 Brame o mar e a sua plenitude; o mundo, e os que nele habitam.

8 Os rios batam as palmas; regozijem-se também as montanhas,

9 Perante a face do Senhor, porque vem a julgar a Terra; com justiça julgará o mundo, e o povo com equidade.

Eu sou livre e vivo plenamente feliz
num espaço sem limites.

✺ Salmo 99 ✺

Ajuda a eliminar estados depressivos e angústia;
estimula a intuição e o pressentimento; traz boa
percepção dos acontecimentos e fortalece a devoção.

1 O Senhor reina; tremam os povos. Ele está assentado entre os querubins; comova-se a Terra.

2 O Senhor é grande em Sião, e mais alto do que todos os povos.

3 Louvem o teu nome, grande e tremendo, pois, é santo.

4 Também o poder do Rei ama o juízo; tu firmas a equidade, fazes juízo e justiça em Jacó.

5 Exaltai ao Senhor nosso Deus, e prostrai-vos diante do escabelo de seus pés, pois é santo.

6 Moisés e Arão, entre os seus sacerdotes, e Samuel entre os que invocam o seu nome, clamavam ao Senhor, e Ele lhes respondia.

7 Na coluna de nuvem lhes falava; eles guardaram os seus testemunhos, e os estatutos que lhes dera.

8 Tu os escutaste, Senhor nosso Deus: tu foste um Deus que lhes perdoaste, ainda que tomaste vingança dos seus feitos.

9 Exaltai ao Senhor nosso Deus e adorai-o no seu monte santo, pois o Senhor nosso Deus é santo.

Lembre-se de que você vive o que cria em sua mente,
portanto crie uma vida mais feliz.

✺ Salmo 100 ✺

Anula a arrogância e o orgulho;
é contra pecadores; favorece a servidão
e ajuda a desviar maus elementos.

1 Celebrai com júbilo ao Senhor, todas as terras.

2 Servi ao Senhor com alegria; e entrai diante dele com canto.

3 Sabei que o Senhor é Deus; foi ele que nos fez, e não nós a nós mesmos; somos povo seu e ovelhas do seu pasto.

4 Entrai pelas portas dele com gratidão, e em seus átrios com louvor; louvai-o, e bendizei o seu nome.

5 Porque o Senhor é bom, e eterna a sua misericórdia; e a sua verdade dura de geração em geração.

Minha maior arma é a oração silenciosa.

(Gandhi)

❧ Salmo 101 ❧

Atrai fertilidade; preserva a harmonia familiar;
restitui a paz contra adversários e reforça a lealdade.

1 Cantarei a misericórdia e o juízo; a ti, Senhor, cantarei.

2 Portar-me-ei com inteligência no caminho reto. Quando virás a mim? Andarei em minha casa com um coração sincero.

3 Não porei coisa má diante dos meus olhos. Odeio a obra daqueles que se desviam; não se me pegará a mim.

4 Um coração perverso se apartará de mim; não conhecerei o homem mau.

5 Aquele que murmura do seu próximo às escondidas, eu o destruirei; aquele que tem olhar altivo e coração soberbo, não suportarei.

6 Os meus olhos estarão sobre os fiéis da terra, para que se assentem comigo; o que anda num caminho reto, esse me servirá.

7 O que usa de engano não ficará dentro da minha casa; o que fala mentiras não estará firme perante os meus olhos.

8 Pela manhã destruirei todos os ímpios da Terra, para desarraigar da cidade do Senhor todos os que praticam a iniquidade.

Perdoe para que também possa ser perdoado.

Salmo 102

Ajuda a sintonizar energias superiores e a alcançar a cura total; incentiva o perdão a outrem e traz clamor.

1 Senhor, ouve a minha oração, e chegue a ti o meu clamor.

2 Não escondas de mim o teu rosto no dia da minha angústia, inclina para mim os teus ouvidos; no dia em que eu clamar, ouve-me depressa.

3 Porque os meus dias se consomem como a fumaça, e os meus ossos ardem como lenha.

4 O meu coração está ferido e seco como a erva, por isso me esqueço de comer o meu pão.

5 Por causa da voz do meu gemido os meus ossos se apegam à minha pele.

6 Sou semelhante ao pelicano no deserto; sou como um mocho nas solidões.

7 Vigio, sou como o pardal solitário no telhado.

8 Os meus inimigos me afrontam todo o dia; os que se enfurecem contra mim têm jurado contra mim.

9 Pois tenho comido cinza como pão, e misturado com lágrimas a minha bebida,

10 Por causa da tua ira e da tua indignação, pois tu me levantaste e me arremessaste.

11 Os meus dias são como a sombra que declina, e como a erva me vou secando.

12 Mas tu, Senhor, permanecerás para sempre, a tua memória de geração em geração.

13 Tu te levantarás e terás piedade de Sião; pois o tempo de te compadeceres dela, o tempo determinado, já chegou.

14 Porque os teus servos têm prazer nas suas pedras, e se compadecem do seu pó.

15 Então os gentios temerão o nome do Senhor, e todos os reis da Terra a tua glória.

16 Quando o Senhor edificar a Sião, aparecerá na sua glória.

17 Ele atenderá à oração do desamparado, e não desprezará a sua oração.

18 Isto se escreverá para a geração futura; e o povo que se criar louvará ao Senhor.

19 Pois olhou desde o alto do seu santuário, desde os céus o Senhor contemplou a Terra,

20 Para ouvir o gemido dos presos, para soltar os sentenciados à morte;

21 Para anunciarem o nome do Senhor em Sião, e o seu louvor em Jerusalém,

22 Quando os povos se ajuntarem, e os reinos, para servirem ao Senhor.

23 Abateu a minha força no caminho; abreviou os meus dias.

24 Dizia eu: Meu Deus, não me leves no meio dos meus dias, os teus anos são por todas as gerações.

25 Desde a antiguidade fundaste a Terra, e os céus são obra das tuas mãos.

26 Eles perecerão, mas tu permanecerás; todos eles se envelhecerão como um vestido; como roupa os mudarás, e ficarão mudados.

27 Porém tu és o mesmo, e os teus anos nunca terão fim.

28 Os filhos dos teus servos continuarão, e a sua semente ficará firmada perante ti.

O maior poder de cura está no perdão que abre
nossa mente para a misericórdia Divina.

～ Salmo 103 ～

Incentiva a bondade; ajuda a desviar ou a aliviar transtornos da natureza, como temporais, desabamentos ou ventos e traz realização de bens materiais.

1 Bendize, ó minha alma, ao Senhor, e tudo o que há em mim bendiga o seu santo nome.

2 Bendize, ó minha alma, ao Senhor, e não te esqueças de nenhum de seus benefícios.

3 Ele é o que perdoa todas as tuas iniquidades, que sara todas as tuas enfermidades,

4 Que redime a tua vida da perdição; que te coroa de benignidade e de misericórdia,

5 Que farta a tua boca de bens, de sorte que a tua mocidade se renova como a da águia.

6 O Senhor faz justiça e juízo a todos os oprimidos.

7 Fez conhecidos os seus caminhos a Moisés, e os seus feitos aos filhos de Israel.

8 Misericordioso e piedoso é o Senhor; longânime e grande em benignidade.

9 Não reprovará perpetuamente, nem para sempre reterá a sua ira.

10 Não nos tratou segundo os nossos pecados, nem nos recompensou segundo as nossas iniquidades.

11 Pois assim como o céu está elevado acima da terra, assim é grande a sua misericórdia para com os que o temem.

12 Assim como está longe o Oriente do Ocidente, assim afasta de nós as nossas transgressões.

13 Assim como um pai se compadece de seus filhos, assim o Senhor se compadece daqueles que o temem.

14 Pois ele conhece a nossa estrutura; lembra-se de que somos pó.

15 Quanto ao homem, os seus dias são como a erva, como a flor do campo assim floresce.

16 Passando por ela o vento, logo se vai, e o seu lugar não será mais conhecido.

17 Mas a misericórdia do Senhor é desde a eternidade e até a eternidade sobre aqueles que o temem, e a sua justiça sobre os filhos dos filhos;

18 Sobre aqueles que guardam a sua aliança, e sobre os que se lembram dos seus mandamentos para os cumprir.

19 O Senhor tem estabelecido o seu trono nos céus, e o seu reino domina sobre tudo.

20 Bendizei ao Senhor, todos os seus anjos, vós que excedeis em força, que guardais os seus mandamentos, obedecendo à voz da sua palavra.

21 Bendizei ao Senhor, todos os seus exércitos, vós ministros seus, que executais o seu beneplácito.

22 Bendizei ao Senhor, todas as suas obras, em todos os lugares do seu domínio; bendize, ó minha alma, ao Senhor.

*Quando o poder de cura do amor flui em nossas vidas,
transforma velhos hábitos e crenças e protege
e vitaliza todos que nos rodeiam.*

Salmo 104

Eleva o autoconhecimento; ajuda a manter-se saudável e estimula a compreensão e a perfeição.

1 Bendize, ó minha alma, ao Senhor! Senhor, Deus meu, tu és magnificentíssimo; estás vestido de glória e de majestade.

2 Ele se cobre de luz como de um vestido, estende os céus como uma cortina.

3 Põe nas águas as vigas das suas câmaras; faz das nuvens o seu carro, anda sobre as asas do vento.

4 Faz dos seus anjos espíritos, dos seus ministros um fogo abrasador.

5 Lançou os fundamentos da terra; ela não vacilará em tempo algum.

6 Tu a cobriste com o abismo, como com um vestido; as águas estavam sobre os montes.

7 À tua repreensão fugiram; à voz do teu trovão se apressaram.

8 Subiram aos montes, desceram aos vales, até ao lugar que para elas fundaste.

9 Termo lhes puseste, que não ultrapassarão, para que não tornem mais a cobrir a terra.

10 Tu, que fazes sair as nascentes nos vales, as quais correm entre os montes.

11 Dão de beber a todo o animal do campo; os jumentos monteses matam a sua sede.

12 Junto delas as aves do céu terão a sua habitação, cantando entre os ramos.

13 Ele rega os montes desde as suas câmaras; a terra se farta do fruto das suas obras.

14 Faz crescer a erva para o gado, e a verdura para o serviço do homem, para fazer sair da terra o pão,

15 E o vinho que alegra o coração do homem, e o azeite que faz reluzir o seu rosto, e o pão que fortalece o coração do homem.

16 As árvores do Senhor fartam-se de seiva, os cedros do Líbano que ele plantou,

17 Onde as aves se aninham; quanto à cegonha, a sua casa é nos ciprestes.

18 Os altos montes são para as cabras monteses, e os rochedos são refúgio para os coelhos.

19 Designou a Lua para as estações; o sol conhece o seu ocaso.

20 Ordenas a escuridão, e faz-se noite, na qual saem todos os animais da selva.

21 Os leõezinhos rugem pela presa, e de Deus buscam o seu sustento.

22 Nasce o sol e logo se acolhem, e se deitam nos seus covis.

23 Então sai o homem à sua obra e ao seu trabalho, até à tarde.

24 Ó Senhor, quão variadas são as tuas obras! Todas as coisas fizeste com sabedoria; cheia está a Terra das tuas riquezas.

25 Assim é este mar grande e muito espaçoso, onde há seres sem número, animais pequenos e grandes.

26 Ali andam os navios; e o leviatã que formaste para nele folgar.

27 Todos esperam de ti, que lhes dês o seu sustento em tempo oportuno.

28 Quando lhes dás o alimento, eles o recolhem; abres a tua mão, e se enchem de bens.

29 Escondes o teu rosto, e ficam perturbados; se lhes tiras o fôlego, morrem, e voltam para o seu pó.

30 Envias o teu Espírito, e são criados, e assim renovas a face da Terra.

31 A glória do Senhor durará para sempre; o Senhor se alegrará nas suas obras.

32 Olhando ele para a Terra, ela treme; tocando nos montes, logo fumegam.

33 Cantarei ao Senhor enquanto eu viver; cantarei louvores ao meu Deus, enquanto eu tiver existência.

34 A minha meditação acerca dele será suave; eu me alegrarei no Senhor.

35 Desapareçam da Terra os pecadores, e os ímpios não sejam mais. Bendiga, ó minha alma, ao Senhor. Louvai ao Senhor.

*Plante boas sementes e saiba esperar
o momento propício para a colheita.*

ᢒ Salmo 105 ᢒ

Auxilia os injustiçados; age contra a ansiedade e a timidez; traz otimismo e objetividades nas decisões.

1 Louvai ao Senhor, e invocai o seu nome; fazei conhecidas as suas obras entre os povos.

2 Cantai-lhe, cantai-lhe salmos; falai de todas as suas maravilhas.

3 Gloriai-vos no seu santo nome; alegre-se o coração daqueles que buscam ao Senhor.

4 Buscai ao Senhor e a sua força; buscai a sua face continuamente.

5 Lembrai-vos das maravilhas que fez, dos seus prodígios e dos juízos da sua boca;

6 Vós, semente de Abraão, seu servo, vós, filhos de Jacó, seus escolhidos.

7 Ele é o Senhor nosso Deus; os seus juízos estão em toda a Terra.

8 Lembrou-se da sua aliança para sempre, da palavra que mandou a milhares de gerações.

9 A qual aliança fez com Abraão, e o seu juramento a Isaque.

10 E confirmou o mesmo a Jacó por lei, e a Israel por aliança eterna,

11 Dizendo: A ti darei a terra de Canaã, a região da vossa herança.

12 Quando eram poucos homens em número, sim, mui poucos, e estrangeiros nela;

13 Quando andavam de nação em nação e dum reino para outro povo;

14 Não permitiu a ninguém que os oprimisse, e por amor deles repreendeu a reis, dizendo:

15 Não toquem os meus ungidos, e não maltrateis os meus profetas.

16 Chamou a fome sobre a Terra, quebrantou todo o sustento do pão.

17 Mandou perante eles um homem, José, que foi vendido por escravo;

18 Cujos pés apertaram com grilhões; foi posto em ferros;

19 Até ao tempo em que chegou a sua palavra; a palavra do Senhor o provou.

20 Mandou o rei, e o fez soltar; o governador dos povos, e o soltou.

21 Fê-lo senhor da sua casa, e governador de toda a sua fazenda;

182 ᢒ A Força dos Salmos

22 Para sujeitar os seus príncipes a seu gosto, e instruir os seus anciãos.

23 Então Israel entrou no Egito, e Jacó peregrinou na terra de Cão.

24 E aumentou o seu povo em grande maneira, e o fez mais poderoso do que os seus inimigos.

25 Virou o coração deles para que odiassem o seu povo, para que tratassem astutamente aos seus servos.

26 Enviou Moisés, seu servo, e Arão, a quem escolhera.

27 Mostraram entre eles os seus sinais e prodígios, na terra de Cão.

28 Mandou trevas, e a fez escurecer; e não foram rebeldes à sua palavra.

29 Converteu a sua água em sangue, e matou os seus peixes.

30 A sua terra produziu rãs em abundância, até nas câmaras dos seus reis.

31 Falou ele, e vieram enxames de moscas e piolhos em todo o seu território.

32 Converteu as suas chuvas em saraiva, e fogo abrasador na sua terra.

33 Feriu as suas vinhas e os seus figueirais, e quebrou as árvores da sua terra.

34 Falou ele e vieram gafanhotos e pulgão sem número.

35 E comeram toda a erva da sua terra, e devoraram o fruto dos seus campos.

36 Feriu também a todos os primogênitos da sua terra, as primícias de todas as suas forças.

37 E tirou-os para fora com prata e ouro, e entre as suas tribos não houve um só fraco.

38 O Egito se alegrou quando eles saíram, porque o seu temor caíra sobre eles.

39 Estendeu uma nuvem por coberta, e um fogo para iluminar de noite.

40 Oraram, e ele fez vir codornizes, e os fartou de pão do céu.

41 Fendeu a rocha, e dela correram águas; correram pelos lugares secos, como um rio.

42 Porque se lembrou da sua santa palavra, e de Abraão, seu servo.

43 E tirou dali o seu povo com alegria, e os seus escolhidos com regozijo.

44 E deu-lhes a terra das nações; e herdaram o trabalho dos povos;

45 Para que guardassem os seus preceitos, e observassem as suas leis. Louvai ao Senhor.

Quando nos permitimos viver com otimismo, descobrimos a enorme energia que nos apoia em todas as circunstâncias da vida.

Salmo 106

Responsabilidade, inovação e inspiração; ajuda na escolha de nova moradia; favorece os fracos e os oprimidos.

1 Louvai ao Senhor. Louvai ao Senhor, porque ele é bom, porque a sua misericórdia dura para sempre.

2 Quem pode contar as obras poderosas do Senhor? Quem anunciará os seus louvores?

3 Bem-aventurados os que guardam o juízo, o que pratica justiça em todos os tempos.

4 Lembra-te de mim, Senhor, segundo a tua boa vontade para com o teu povo; visita-me com a tua salvação.

5 Para que eu veja os bens de teus escolhidos, para que eu me alegre com a alegria da tua nação, para que me glorie com a tua herança.

6 Nós pecamos como os nossos pais, cometemos a iniquidade, andamos perversamente.

7 Nossos pais não entenderam as tuas maravilhas no Egito; não se lembraram da multidão das tuas misericórdias; antes o provocaram no mar, sim no Mar Vermelho.

8 Não obstante, ele os salvou por amor do seu nome, para fazer conhecido o seu poder.

9 Repreendeu, também, o Mar Vermelho, e este se secou, e os fez caminhar pelos abismos como pelo deserto.

10 E os livrou da mão daquele que os odiava, e os remiu da mão do inimigo.

11 E as águas cobriram os seus adversários; nem um só deles ficou.

12 Então creram nas suas palavras, e cantaram os seus louvores.

13 Porém cedo se esqueceram das suas obras; não esperaram o seu conselho.

14 Mas deixaram-se levar à cobiça no deserto, e tentaram a Deus na solidão.

15 E ele lhes cumpriu o seu desejo, mas enviou magreza às suas almas.

16 E invejaram a Moisés no campo, e a Arão, o santo do Senhor.

17 Abriu-se a terra, e engoliu a Datã, e cobriu o grupo de Abirão.

18 E um fogo se acendeu no seu grupo; a chama abrasou os ímpios.

19 Fizeram um bezerro em Horebe e adoraram a imagem fundida.

20 E converteram a sua glória na figura de um boi que come erva.

21 Esqueceram-se de Deus, seu Salvador, que fizera grandezas no Egito,

22 Maravilhas na terra de Cão, coisas tremendas no Mar Vermelho.

23 Por isso disse que os destruiria, não houvesse Moisés, seu escolhido, ficado perante ele na brecha, para desviar a sua indignação, a fim de não os destruir.

24 Também desprezaram a terra aprazível; não creram na sua palavra.

25 Antes murmuraram nas suas tendas, e não deram ouvidos à voz do Senhor.

26 Por isso levantou a sua mão contra eles, para os derrubar no deserto;

27 Para derrubar também a sua semente entre as nações, e espalhá-los pelas terras.

28 Também se juntaram com Baal-Peor, e comeram os sacrifícios dos mortos.

29 Assim o provocaram à ira com as suas invenções; e a peste rebentou entre eles.

30 Então se levantou Fineias, e fez juízo, e cessou aquela peste.

31 E isto lhe foi contado como justiça, de geração em geração, para sempre.

32 Indignaram-no também junto às águas da contenda, de sorte que sucedeu mal a Moisés, por causa deles;

33 Porque irritaram o seu espírito, de modo que falou imprudentemente com seus lábios.

34 Não destruíram os povos, como o Senhor lhes dissera.

35 Antes se misturaram com os gentios, e aprenderam as suas obras.

36 E serviram aos seus ídolos, que vieram a ser-lhes um laço.

37 Demais disto, sacrificaram seus filhos e suas filhas aos demônios,

38 E derramou sangue inocente, o sangue de seus filhos e de suas filhas que sacrificaram aos ídolos de Canaã; e a terra foi manchada com sangue.

39 Assim se contaminaram com as suas obras, e se corromperam com os seus feitos.

Relação dos 150 Salmos e seus usos ✒ *185*

40 Então se acendeu a ira do Senhor contra o seu povo, de modo que abominou a sua herança.

41 E os entregou nas mãos dos gentios; e aqueles que os odiavam se assenhorearam deles.

42 E os seus inimigos os oprimiram, e foram humilhados debaixo das suas mãos.

43 Muitas vezes os livrou, mas o provocaram com o seu conselho, e foram abatidos pela sua iniquidade.

44 Contudo, atendeu à sua aflição, ouvindo o seu clamor.

45 E se lembrou da sua aliança, e se arrependeu segundo a multidão das suas misericórdias.

46 Assim, também fez com que deles tivessem misericórdia os que os levaram cativos.

47 Salva-nos, Senhor nosso Deus, e congrega-nos dentre os gentios, para que louvemos o teu nome santo, e nos gloriemos no teu louvor.

48 Bendito seja o Senhor Deus de Israel, de eternidade em eternidade, e todo o povo diga: Amém. Louvai ao Senhor.

Seus objetivos só serão concretizados
quando você se propuser a lutar por eles.

Salmo 107

Coligação contra desafetos; transformação e preservação da verdadeira amizade; boa sociedade.

1 Louvai ao Senhor, porque ele é bom, porque a sua benignidade dura para sempre.

2 Digam-no os remidos do Senhor, os que remiu da mão do inimigo,

3 E os que congregou das terras do Oriente e do Ocidente, do Norte e do Sul.

4 Andaram desgarrados pelo deserto, por caminhos solitários; não acharam cidade para habitarem.

5 Famintos e sedentos, a sua alma neles desfalecia.

6 E clamaram ao Senhor na sua angústia, e os livrou das suas dificuldades.

7 E os levou por caminho direito, para irem a uma cidade de habitação.

8 Louvem ao Senhor pela sua bondade, e pelas suas maravilhas para com os filhos dos homens.

9 Pois fartou a alma sedenta, e encheu de bens a alma faminta.

10 Tal como a que se assenta nas trevas e sombra da morte, presa em aflição e em ferro;

11 Porquanto se rebelaram contra as palavras de Deus, e desprezaram o conselho do Altíssimo.

12 Portanto, lhes abateu o coração com trabalho; tropeçaram, e não houve quem os ajudasse.

13 Então clamaram ao Senhor na sua angústia, e os livrou das suas dificuldades.

14 Tirou-os das trevas e sombra da morte; e quebrou as suas prisões.

15 Louvem ao Senhor pela sua bondade, e pelas suas maravilhas para com os filhos dos homens.

16 Pois quebrou as portas de bronze, e despedaçou os ferrolhos de ferro.

17 Os loucos, por causa da sua transgressão, e por causa das suas iniquidades, são aflitos.

18 A sua alma aborreceu toda a comida, e chegaram até às portas da morte.

19 Então clamaram ao Senhor na sua angústia, e ele os livrou das suas dificuldades.

20 Enviou a sua palavra, e os sarou; e os livrou da sua destruição.

21 Louvem ao Senhor pela sua bondade, e pelas suas maravilhas para com os filhos dos homens.

22 E ofereçam os sacrifícios de louvor, e relatem as suas obras com regozijo.

23 Os que descem ao mar em navios, mercando nas grandes águas.

24 Esses veem as obras do Senhor, e as suas maravilhas no profundo.

25 Pois ele manda, e se levanta o vento tempestuoso que eleva as suas ondas.

26 Sobem aos céus; descem aos abismos, e a sua alma se derrete em angústias.

27 Andam e cambaleiam como ébrios, e perderam todo o tino.

28 Então clamam ao Senhor na sua angústia; e ele os livra das suas dificuldades.

29 Faz cessar a tormenta, e acalmam-se as suas ondas.

30 Então se alegram, porque se aquietaram; assim os leva ao seu porto desejado.

31 Louvem ao Senhor pela sua bondade, e pelas suas maravilhas para com os filhos dos homens.

32 Exaltem-no na congregação do povo, e glorifiquem-no na assembleia dos anciãos.

33 Ele converte os rios em um deserto, e as fontes em terra sedenta;

34 A terra frutífera em estéril, pela maldade dos que nela habitam.

35 Converte o deserto em lagoa, e a terra seca em fontes.

36 E faz habitar ali os famintos, para que edifiquem cidade para habitação;

37 E semeiam os campos e plantam vinhas, que produzem fruto abundante.

38 Também os abençoa, de modo que se multiplicam muito; e o seu gado não diminui.

39 Depois se diminuem e se abatem, pela opressão, e aflição e tristeza.

40 Derrama o desprezo sobre os príncipes, e os faz andar desgarrados pelo deserto, onde não há caminho.

41 Porém livra ao necessitado da opressão, em um lugar alto, e multiplica as famílias como rebanhos.

42 Os retos o verão, e se alegrarão, e toda a iniquidade tapará a boca.

43 Quem é sábio observará estas coisas, e eles compreenderão as benignidades do Senhor.

Aproveite o lindo dia para libertar
a criança que habita em seu interior.

Salmo 108

Traz firmeza; ajuda a nos livrar dos maus elementos, das intrigas e dos enganos e a triunfar sobre a fé.

1 Preparado está o meu coração, ó Deus; cantarei e darei louvores até com a minha glória.

2 Despertai, saltério e harpa; eu mesmo despertarei ao romper da alva.

3 Louvar-te-ei entre os povos, Senhor, e a ti cantarei louvores entre as nações.

4 Porque a tua benignidade se estende até aos céus, e a tua verdade chega até às mais altas nuvens.

5 Exalta-te sobre os céus, ó Deus, e a tua glória sobre toda a Terra.

6 Para que sejam livres os teus amados, salva-nos com a tua destra, e ouve-nos.

7 Deus falou na sua santidade; eu me regozijarei; repartirei a Siquém, e medirei o vale de Sucote.

8 Meu é Gileade, meu é Manassés; e Efraim a força da minha cabeça, Judá o meu legislador.

9 Moabe a minha bacia de lavar; sobre Edom lançarei o meu sapato, sobre a Filístia jubilarei.

10 Quem me levará à cidade forte? Quem me guiará até Edom?

11 Porventura não serás tu, ó Deus, que nos rejeitaste? E não sairás, ó Deus, com os nossos exércitos?

12 Dá-nos auxílio para sair da angústia, porque vão é o socorro da parte do homem.

13 Em Deus faremos proezas, pois ele calcará aos pés os nossos inimigos.

Quando quiser fazer algo por alguém faça de coração, não exija nada em troca.

ᨵ Salmo 109 ᨦ

Auxilia nas dificuldades; dispensa a negatividade do passado e protege a nossa honra.

1 Ó Deus do meu louvor, não te cales,

2 Pois a boca do ímpio e a boca do enganador estão abertas contra mim. Têm falado contra mim com uma língua mentirosa.

3 Eles me cercaram com palavras odiosas, e pelejaram contra mim sem causa.

4 Em recompensa do meu amor são meus adversários; mas eu faço oração.

5 E me deram mal pelo bem, e ódio pelo meu amor.

6 Suscita contra ele um ímpio; um acusador esteja à sua direita.

7 Quando for julgado, saia condenado; e a sua oração se lhe torne em pecado.

8 Sejam poucos os seus dias, e outro tome o seu ofício.

9 Sejam órfãos os seus filhos, e viúva sua mulher.

10 Sejam vagabundos e pedintes os seus filhos, e busquem pão fora dos seus lugares desolados.

11 Lance o credor mão de tudo quanto tenha, e despojem os estranhos do fruto do seu trabalho.

12 Não haja ninguém que se compadeça dele, nem haja quem favoreça os seus órfãos.

13 Desapareça a sua posteridade, o seu nome seja apagado na seguinte geração.

14 Esteja na memória do Senhor a iniquidade de seus pais, e não se apague o pecado de sua mãe.

15 Antes estejam sempre perante o Senhor, para que faça desaparecer a sua memória da Terra.

16 Porquanto não se lembrou de fazer misericórdia; antes perseguiu ao homem aflito e ao necessitado, para que pudesse até matar o quebrantado de coração.

17 Visto que amou a maldição, ela lhe sobrevenha, e assim como não desejou a bênção, ela se afaste dele.

18 Assim como se vestiu de maldição, como sua roupa, assim penetre ela nas suas entranhas, como água, e em seus ossos como azeite.

19 Seja para ele como a roupa que o cobre, e como cinto que o cinja sempre.

20 Seja este o galardão dos meus contrários, da parte do Senhor, e dos que falam mal contra a minha alma.

21 Mas tu, ó Deus, o Senhor trata comigo por amor do teu nome, porque a tua misericórdia é boa, livra-me,

22 Pois estou aflito e necessitado, e o meu coração está ferido dentro de mim.

23 Vou-me como a sombra que declina; sou sacudido como o gafanhoto.

24 De jejuar estão enfraquecidos os meus joelhos, e a minha carne emagrece.

25 E ainda lhes sou opróbrio; quando me contemplam, movem as cabeças.

26 Ajuda-me, ó Senhor meu Deus, salva-me segundo a tua misericórdia.

27 Para que saibam que esta é a tua mão, e que tu, Senhor, o fizeste.

28 Amaldiçoem eles, mas abençoa tu; quando se levantarem fiquem confundidos; e alegre-se o teu servo.

29 Vistam-se os meus adversários de vergonha, e cubra-se com a sua própria confusão como com uma capa.

30 Louvarei grandemente ao Senhor com a minha boca; louvá-lo-ei entre a multidão.

31 Pois se porá à direita do pobre, para o livrar dos que condenam a sua alma.

O passado trouxe grandes aprendizados,
por isso agradeço e solto tudo o que já passou.

ᴥ Salmo 110 ᴥ

Honra a palavra; traz habilidade na comunicação social, concretização e autoconfiança.

1 Disse o Senhor ao meu Senhor: Assenta-te à minha mão direita, até que ponha os teus inimigos por estrado dos teus pés.

2 O Senhor enviará o cetro da tua fortaleza desde Sião, dizendo: Domina no meio dos teus inimigos.

3 O teu povo será mui voluntário no dia da tua batalha; nos ornamentos de santidade, desde a madre da alva, tu tens o orvalho da tua mocidade.

4 Jurou o Senhor, e não se arrependerá: tu és um sacerdote eterno, segundo a ordem de Melquisedeque.

5 O Senhor, à tua direita, ferirá os reis no dia da sua ira.

6 Julgará as nações; tudo encherá de corpos mortos; ferirá os cabeças de muitos países.

7 Beberá do ribeiro no caminho, por isso exaltará a cabeça.

A comunicação que surge da alma irradia interação e sincronicidade em nossas vidas.

∾ Salmo 111 ∾

Combate o oportunismo; atrai paz e felicidade e incentiva os bons exemplos e o bom senso.

1 Louvai ao Senhor. Louvarei ao Senhor de todo o meu coração, na assembleia dos justos e na congregação.

2 Grandes são as obras do Senhor, procuradas por todos os que nelas tomam prazer.

3 A sua obra tem glória e majestade, e a sua justiça permanece para sempre.

4 Fez com que as suas maravilhas fossem lembradas; piedoso e misericordioso é o Senhor.

5 Deu mantimento aos que o temem; lembrar-se-á sempre da sua aliança.

6 Anunciou ao seu povo o poder das suas obras, para lhe dar a herança dos gentios.

7 As obras das suas mãos são verdade e juízo, seguros todos os seus mandamentos.

8 Permanecem firmes para todo o sempre; e são feitos em verdade e retidão.

9 Redenção enviou ao seu povo; ordenou a sua aliança para sempre; santo e temível é o seu nome.

10 O temor do Senhor é o princípio da sabedoria; bom entendimento têm todos os que cumprem os seus mandamentos; o seu louvor permanece para sempre.

Agradeça a todas as pessoas
pela oportunidade de tê-las ao seu lado.

Salmo 112

Traz boas notícias; estimula a recompensa e os bons negócios e favorece a caridade.

1 Louvai ao Senhor. Bem-aventurado o homem que teme ao Senhor, que em seus mandamentos tem grande prazer.

2 A sua semente será poderosa na Terra; a geração dos justos será abençoada.

3 Prosperidade e riquezas haverá na sua casa, e a sua justiça permanece para sempre.

4 Aos justos nasce luz nas trevas; ele é piedoso, misericordioso e justo.

5 O homem bom se compadece, e empresta; disporá as suas coisas com juízo;

6 Porque nunca será abalado; o justo estará em memória eterna.

7 Não temerá maus rumores; o seu coração está firme, confiando no Senhor.

8 O seu coração está bem confirmado, ele não temerá, até que veja o seu desejo sobre os seus inimigos.

9 Ele espalhou, deu aos necessitados; a sua justiça permanece para sempre, e a sua força se exaltará em glória.

10 O ímpio o verá, e se entristecerá; rangerá os dentes, e se consumirá; o desejo dos ímpios perecerá.

*O amor pela humanidade deveria ser tão grande
a ponto de nos levar a compreender que não podemos
viver esquecidos da caridade.*

～ Salmo 113 ～

Incentiva o relacionamento saudável com superiores;
traz êxito em congressos públicos
e favorece a igualdade.

1 Louvai ao Senhor. Louvai, servos do Senhor, louvai o nome do Senhor.

2 Seja bendito o nome do Senhor, desde agora para sempre.

3 Desde o nascimento do sol até ao ocaso, seja louvado o nome do Senhor.

4 Exaltado está o Senhor acima de todas as nações, e a sua glória sobre os céus.

5 Quem é como o Senhor nosso Deus, que habita nas alturas?

6 O qual se inclina, para ver o que está nos céus e na Terra!

7 Levanta o pobre do pó, e do monturo levanta o necessitado,

8 Para o fazer assentar com os príncipes, mesmo com os príncipes do seu povo.

9 Faz com que a mulher estéril habite em casa, e seja alegre mãe de filhos. Louvai ao Senhor.

Acredite: carma não é sofrimento,
mas sim oportunidade para evoluir.

∽ Salmo 114 ∾

Incita bons relacionamentos afetivos;
favorece os casamentos e protege
contra o domínio excessivo.

1 Quando Israel saiu do Egito, e a casa de Jacó de um povo de língua estranha,

2 Judá foi seu santuário, e Israel seu domínio.

3 O mar viu isto, e fugiu; o Jordão voltou para trás.

4 Os montes saltaram como carneiros, e os outeiros como cordeiros.

5 Que tiveste tu, ó mar, que fugiste, e tu, ó Jordão, que voltaste para trás?

6 Montes, que saltastes como carneiros, e outeiros, como cordeiros?

7 Treme, terra, na presença do Senhor, na presença do Deus de Jacó.

8 O qual converteu o rochedo em lago de águas, e o seixo em fonte de água.

Assuma a sua escolha convicto de que o
melhor caminho é a sua liberdade de escolha.

✍ Salmo 115 ✍

Auxilia contra enganos, mentiras e ilusão e harmoniza a credibilidade conjugal.

1 Não a nós, Senhor, não a nós, mas ao teu nome dá glória, por amor da tua benignidade e da tua verdade.

2 Porque dirão os gentios: Onde está o seu Deus?

3 Mas o nosso Deus está nos céus; fez tudo o que lhe agradou.

4 Os ídolos deles são prata e ouro, obra das mãos dos homens.

5 Têm boca, mas não falam; olhos têm, mas não veem.

6 Têm ouvidos, mas não ouvem; narizes têm, mas não cheiram.

7 Têm mãos, mas não apalpam; pés têm, mas não andam; nem som algum sai da sua garganta.

8 A eles se tornem semelhantes os que os fazem, assim como todos os que neles confiam.

9 Israel, confia no Senhor; ele é o seu auxílio e o seu escudo.

10 Casa de Arão, confia no Senhor; ele é o seu auxílio e o seu escudo.

11 Vós, os que temeis ao Senhor, confiai no Senhor; ele é o seu auxílio e o seu escudo.

12 O Senhor se lembrou de nós; ele nos abençoará; abençoará a casa de Israel; abençoará a casa de Arão.

13 Abençoará os que temem ao Senhor, tanto pequenos como grandes.

14 O Senhor vos aumentará cada vez mais, a vós e a vossos filhos.

15 Sois benditos do Senhor, que fez os céus e a Terra.

16 Os céus são os céus do Senhor; mas a Terra a deu aos filhos dos homens.

17 Os mortos não louvam ao Senhor, nem os que descem ao silêncio.

18 Mas nós bendiremos ao Senhor, desde agora e para sempre. Louvai ao Senhor.

Sem os véus da ilusão, compreendo o que Deus tem a me dizer, porque sou nutrida e amada por Ele.

✺ Salmo 116 ✺

*Favorece a oficializações conjugal; beneficia a
paz universal e reforça o dia de Ação de Graças.*

1 Amo ao Senhor, porque ele ouviu a minha voz e a minha súplica.

2 Porque inclinou a mim os seus ouvidos; portanto, o invocarei enquanto viver.

3 Os cordéis da morte me cercaram, e angústias do inferno se apoderaram de mim; encontrei aperto e tristeza.

4 Então invoquei o nome do Senhor, dizendo: Ó Senhor, livra a minha alma.

5 Piedoso é o Senhor e justo; o nosso Deus tem misericórdia.

6 O Senhor guarda aos simples; fui abatido, mas ele me livrou.

7 Volta, minha alma, para o teu repouso, pois o Senhor te fez bem.

8 Porque tu livraste a minha alma da morte, os meus olhos das lágrimas, e os meus pés da queda.

9 Andarei perante a face do Senhor na terra dos viventes.

10 Cri, por isso falei. Estive muito aflito.

11 Dizia na minha pressa: Todos os homens são mentirosos.

12 Que darei eu ao Senhor, por todos os benefícios que me tem feito?

13 Tomarei o cálice da salvação, e invocarei o nome do Senhor.

14 Pagarei os meus votos ao Senhor, agora, na presença de todo o seu povo.

15 Preciosa é à vista do Senhor a morte dos seus santos.

16 Ó Senhor, deveras sou teu servo; sou teu servo, filho da tua serva; soltaste as minhas ataduras.

17 Oferecer-te-ei sacrifícios de louvor, e invocarei o nome do Senhor.

18 Pagarei os meus votos ao Senhor, na presença de todo o seu povo,

19 Nos átrios da casa do Senhor, no meio de ti, ó Jerusalém. Louvai ao Senhor.

*A paz sintoniza todos os seres com a harmonia universal,
quanto mais a sintonizamos, mais radiante se torna a nossa vida.*

✑ Salmo 117 ✑

Traz sabedoria em momentos de dificuldade;
desperta a confiabilidade e a amizade verdadeira.

1 Louvai ao Senhor todas as nações, louvai-o todos os povos.
2 Porque a sua benignidade é grande para conosco, e a verdade do Senhor dura para sempre. Louvai ao Senhor.

Meu potencial interior desenvolve a minha confiança
apoiando todas as minhas ações.

ꙮ Salmo 118 ꙮ

Traz êxito; afasta os mesquinhos e os avarentos e evoca a inteligência e a sabedoria.

1 Louvai ao Senhor, porque ele é bom, porque a sua benignidade dura para sempre.

2 Diga agora Israel que a sua benignidade dura para sempre.

3 Diga agora a casa de Arão que a sua benignidade dura para sempre.

4 Digam agora os que temem ao Senhor que a sua benignidade dura para sempre.

5 Invoquei o Senhor na angústia; o Senhor me ouviu, e me tirou para um lugar largo.

6 O Senhor está comigo; não temerei o que me pode fazer o homem.

7 O Senhor está comigo entre aqueles que me ajudam; por isso verei cumprido o meu desejo sobre os que me odeiam.

8 É melhor confiar no Senhor do que confiar no homem.

9 É melhor confiar no Senhor do que confiar nos príncipes.

10 Todas as nações me cercaram, mas no nome do Senhor as despedaçarei.

11 Cercaram-me, e tornaram a cercar-me; mas no nome do Senhor eu as despedaçarei.

12 Cercaram-me como abelhas; porém apagaram-se como o fogo de espinhos; pois no nome do Senhor as despedaçarei.

13 Com força me impeliste para me fazeres cair, porém o Senhor me ajudou.

14 O Senhor é a minha força e o meu cântico; e se fez a minha salvação.

15 Nas tendas dos justos há voz de júbilo e de salvação; a destra do Senhor faz proezas.

16 A destra do Senhor se exalta; a destra do Senhor faz proezas.

17 Não morrerei, mas viverei; e contarei as obras do Senhor.

18 O Senhor me castigou muito, mas não me entregou à morte.

19 Abri-me as portas da justiça; entrarei por elas, e louvarei ao Senhor.

20 Esta é a porta do Senhor, pela qual os justos entrarão.

21 Louvar-te-ei, pois me escutas-te, e te fizeste a minha salvação.

22 A pedra que os edificadores rejeitaram tornou-se a pedra angular.

23 Da parte do Senhor se fez isto; maravilhoso é aos nossos olhos.

24 Este é o dia que fez o Senhor; regozijemo-nos, e alegremo-nos nele.

25 Salva-nos, agora, te pedimos, ó Senhor; ó Senhor te pedimos, prospera-nos.

26 Bendito aquele que vem em nome do Senhor; nós vos bendizemos desde a casa do Senhor.

27 Deus é o Senhor que nos mostrou a luz; atai o sacrifício da festa com cordas, até às pontas do altar.

28 Tu és o meu Deus, e eu te louvarei; tu és o meu Deus, e eu te exaltarei.

29 Louvai ao Senhor, porque ele é bom; porque a sua benignidade dura para sempre.

Tenho êxito nas minhas ações quando respeito,
aprecio e agradeço as dádivas divinas em minha vida.

ᔗ Salmo 119 ᔗ

Contribui para a dissolução de ações destrutivas e de forças contrárias; ajuda na harmonia familiar e traz iluminação.

Alef

1 Bem-aventurados os retos em seus caminhos, que andam na lei do Senhor.

2 Bem-aventurados os que guardam os seus testemunhos, e que o buscam com todo o coração.

3 E não praticam iniquidade, mas andam nos seus caminhos.

4 Tu ordenaste os teus mandamentos, para que diligentemente os observássemos.

5 Quem dera que os meus caminhos fossem dirigidos a observar os teus mandamentos.

6 Então não ficaria confundido, atentando-me para todos os teus mandamentos.

7 Louvar-te-ei com retidão de coração quando tiver aprendido os teus justos juízos.

8 Observarei os teus estatutos; não me desampares totalmente.

Beth

9 Com que purificará o jovem o seu caminho? Observando-o conforme a tua palavra.

10 Com todo o meu coração te busquei; não me deixes desviar dos teus mandamentos.

11 Escondi a tua palavra no meu coração, para eu não pecar contra ti.

12 Bendito és tu, ó Senhor; ensina-me o teu estatuto.

13 Com os meus lábios declarei todos os juízos da tua boca.

14 Folguei tanto no caminho dos teus testemunhos, como em todas as riquezas.

15 Meditarei nos teus preceitos, e terei respeito aos teus caminhos.

16 Recrear-me-ei nos teus estatutos; não me esquecerei da tua palavra.

Relação dos 150 Salmos e seus usos ᔗ 203

Ghimel

17 Fazer bem ao teu servo, para que viva e observe a tua palavra.

18 Abre tu os meus olhos, para que veja as maravilhas da tua lei.

19 Sou peregrino na Terra; não escondam de mim os teus mandamentos.

20 A minha alma está quebrantada de desejar os teus juízos em todo o tempo.

21 Tu repreendeste asperamente os soberbos que são amaldiçoados, que se desviam dos teus mandamentos.

22 Tira de sobre mim o opróbrio e o desprezo, pois guardei os teus testemunhos.

23 Príncipes também se assentaram, e falaram contra mim, mas o teu servo meditou nos teus estatutos.

24 Também os teus testemunhos são o meu prazer e os meus conselheiros.

Daleth

25 A minha alma apega-se ao pó; vivifica-me segundo a tua palavra.

26 Eu te contei os meus caminhos, e tu me ouviste; ensina-me o teu estatuto.

27 Faze-me entender o caminho dos teus preceitos; assim falarei das tuas maravilhas.

28 A minha alma consome-se de tristeza; fortalece-me segundo a tua palavra.

29 Desvia de mim o caminho da falsidade, e concede-me piedosamente a tua lei.

30 Escolhi o caminho da verdade; propus-me seguir os teus juízos.

31 Apego-me aos teus testemunhos; ó Senhor, não me confundas.

32 Correrei pelo caminho dos teus mandamentos, quando dilatares o meu coração.

Hé

33 Ensina-me, ó Senhor, o caminho dos teus estatutos, e guardá-lo-ei até o fim.

34 Dá-me entendimento, e guardarei a tua lei, e observá-la-ei de todo o meu coração.

35 Faze-me andar na vereda dos teus mandamentos, porque nela tenho prazer.

36 Inclina o meu coração aos teus testemunhos, e não à cobiça.

37 Desvia os meus olhos de contemplarem a vaidade, e vivifica-me no teu caminho.

38 Confirma a tua palavra ao teu servo, que é dedicado ao teu temor.

39 Desvia de mim o opróbrio que temo, pois os teus juízos são bons.

40 Eis que tenho desejado os teus preceitos; vivifica-me na tua justiça.

Vav

41 Venham sobre mim também as tuas misericórdias, ó Senhor, e a tua salvação segundo a tua palavra.

42 Assim terei que responder ao que me afronta, pois confio na tua palavra.

43 E não tires totalmente a palavra de verdade da minha boca, pois tenho esperado nos teus juízos.

44 Assim observarei de contínuo a tua lei para sempre e eternamente.

45 E andarei em liberdade; pois busco os teus preceitos.

46 Também falarei dos teus testemunhos perante os reis, e não me envergonharei.

47 E recrear-me-ei em teus mandamentos, que tenho amado.

48 Também levantarei as minhas mãos para os teus mandamentos, que amei, e meditarei nos teus estatutos.

Záin

49 Lembra-te da palavra dada ao teu servo, na qual me fizeste esperar.

50 Isto é a minha consolação na minha aflição, porque a tua palavra me vivificou.

51 Os soberbos zombaram grandemente de mim; contudo não me desviei da tua lei.

52 Lembrei-me dos teus juízos antiquíssimos, ó Senhor, e assim me consolei.

53 Grande indignação se apoderou de mim por causa dos ímpios que abandonam a tua lei.

54 Os teus estatutos têm sido os meus cânticos na casa da minha peregrinação.

55 Lembrei-me do teu nome, ó Senhor, de noite, e observei a tua lei.

56 Isto fiz eu, porque guardei os teus mandamentos.

Heth

57 O Senhor é a minha porção; eu disse que observaria as tuas palavras.

58 Roguei deveras o teu favor com todo o meu coração; tem piedade de mim, segundo a tua palavra.

59 Considerei os meus caminhos, e voltei os meus pés para os teus testemunhos.

60 Apressei-me, e não me detive, a observar os teus mandamentos.

61 Bandos de ímpios me despojaram, mas eu não me esqueci da tua lei.

62 À meia noite me levantarei para te louvar, pelos teus justos juízos.

63 Companheiro sou de todos os que te temem e dos que guardam os teus preceitos.

64 A Terra, ó Senhor, está cheia da tua benignidade; ensina-me o teu estatuto.

Teth

65 Fizeste bem ao teu servo, Senhor, segundo a tua palavra.

66 Ensina-me bom juízo e ciência, pois creio nos teus mandamentos.

67 Antes de ser afligido andava errado; mas agora tenho guardado a tua palavra.

68 Tu és bom e fazes bem; ensina-me o teu estatuto.

69 Os soberbos forjaram mentiras contra mim; mas eu, com todo o meu coração guardarei os teus preceitos.

70 Engrossa-se-lhes o coração como gordura, mas eu me recreio na tua lei.

71 Foi-me bom ter sido afligido, para que aprendesse os teus estatutos.

72 Melhor é para mim a lei da tua boca do que milhares de ouro ou prata.

Iód

73 As tuas mãos me fizeram e me formaram; dá-me inteligência para entender os teus mandamentos.

74 Os que te temem alegraram-se quando me viram, porque tenho esperado na tua palavra.

75 Bem sei eu, ó Senhor, que os teus juízos são justos, e que segundo a tua fidelidade me afligiste.

76 Sirva, pois, a tua benignidade para me consolar, segundo a palavra que deste ao teu servo.

77 Venham sobre mim as tuas misericórdias, para que viva, pois a tua lei é a minha delícia.

78 Confundam-se os soberbos, pois me trataram duma maneira perversa, sem causa; mas eu meditarei nos teus preceitos.

79 Volte-se para mim os que te temem, e aqueles que têm conhecido os teus testemunhos.

80 Seja reto o meu coração nos teus estatutos, para que não seja confundido.

Káf

81 Desfalece a minha alma pela tua salvação, mas espero na tua palavra.

82 Os meus olhos desfalecem pela tua palavra; entrementes dizia: Quando me consolarás tu?

83 Pois estou como odre na fumaça; contudo não me esqueço dos teus estatutos.

84 Quantos serão os dias do teu servo? Quando me farás justiça contra os que me perseguem?

85 Os soberbos me cavaram covas, o que não é conforme a tua lei.

86 Todos os teus mandamentos são verdade. Com mentiras me perseguem; ajuda-me.

87 Quase que me têm consumido sobre a terra, mas eu não deixei os teus preceitos.

88 Vivifica-me segundo a tua benignidade; assim guardarei o testemunho da tua boca.

Lámed

89 Para sempre, ó Senhor, a tua palavra permanece no Céu.

90 A tua fidelidade dura de geração em geração; tu firmaste a Terra, e ela permanece firme.

91 Eles continuam até ao dia de hoje, segundo as tuas ordenações; porque todos são teus servos.

92 Se a tua lei não fora toda a minha recreação, há muito que pereceria na minha aflição.

93 Nunca me esquecerei dos teus preceitos; pois por eles me tens vivificado.

94 Sou teu, salva-me; pois tenho buscado os teus preceitos.

95 Os ímpios me esperam para me destruírem, mas eu considerarei os teus testemunhos.

96 Tenho visto fim a toda a perfeição, mas os teus mandamentos são ilimitados.

Mem

97 Oh! Quanto amo a tua lei! É a minha meditação em todo o dia.

98 Tu, pelos teus mandamentos, me fazes mais sábio do que os meus inimigos; pois estão sempre comigo.

99 Tenho mais entendimento do que todos os meus mestres, porque os teus testemunhos são a minha meditação.

100 Entendo mais do que os antigos; porque guardo os teus preceitos.

101 Desviei os meus pés de todo caminho mau, para guardar a tua palavra.

102 Não me apartei dos teus juízos, pois tu me ensinaste.

103 Oh! Quão doces são as tuas palavras ao meu paladar, mais doces do que o mel à minha boca.

104 Pelos teus mandamentos alcancei entendimento; por isso odeio todo falso caminho.

Nun

105 Lâmpada para os meus pés é tua palavra, e luz para o meu caminho.

106 Jurei, e o cumprirei, que guardarei os teus justos juízos.

107 Estou aflitíssimo; vivificante, ó Senhor, segundo a tua palavra.

108 Aceito, eu te rogo, as oferendas voluntárias da minha boca, ó Senhor; ensina-me o teu juízo.

109 A minha alma está de contínuo nas minhas mãos; todavia não me esqueço da tua lei.

110 Os ímpios me armaram laço; contudo não me desviei dos teus preceitos.

111 Os teus testemunhos me têm tomado por herança para sempre, pois são os gozos do meu coração.

112 Inclinei o meu coração a guardar os teus estatutos, para sempre, até ao fim.

Sámekh

113 Odeio os pensamentos vãos, mas amo a tua lei.

114 Tu és o meu refúgio e o meu escudo; espero na tua palavra.

115 Apartai-vos de mim, malfeitores, pois guardarei os mandamentos do meu Deus.

116 Sustenta-me conforme a tua palavra, para que viva, e não me deixes envergonhado da minha esperança.

117 Sustenta-me, e serei salvo, e de contínuo terei respeito aos teus estatutos.

118 Tu tens pisado aos pés todos os que se desviam dos teus estatutos, pois o engano deles é falsidade.

119 Tu tiraste da Terra todos os ímpios, como a escória, por isso amo os teus testemunhos.

120 O meu corpo se arrepiou com temor de ti, e temi os teus juízos.

Aín

121 Fiz juízo e justiça; não me entregues aos meus opressores.

122 Fica por fiador do teu servo para o bem; não deixes que os soberbos me oprimam.

123 Os meus olhos desfaleceram pela tua salvação e pela promessa da tua justiça.

124 Usa com o teu servo segundo a tua benignidade, e ensina-me o teu estatuto.

125 Sou teu servo; dá-me inteligência, para entender os teus testemunhos.

126 Já é tempo de operares, ó Senhor, pois eles têm quebrantado a tua lei.

127 Por isso amo os teus mandamentos mais do que o ouro, e ainda mais do que o ouro fino.

128 Por isso estimo todos os teus preceitos acerca de tudo, como retos, e odeio toda falsa vereda.

Phé

129 Maravilhosos são os teus testemunhos; portanto, a minha alma os guarda.

130 A entrada das tuas palavras dá luz, dá entendimento aos simples.

131 Abri a minha boca, e respirei, pois que desejei os teus mandamentos.

132 Olha para mim, e tem piedade de mim, conforme sempre fazes aos que amam o teu nome.

133 Ordena os meus passos na tua palavra, e não se apodere de mim iniquidade alguma.

134 Livra-me da opressão do homem; assim guardarei os teus preceitos.

135 Faze resplandecer o teu rosto sobre o teu servo, e ensina-me o teu estatuto.

136 Rios de águas correm dos meus olhos, porque não guardam a tua lei.

Tsádhé

137 Justo és, ó Senhor, e retos são os teus juízos.

138 Os teus testemunhos que ordenaste são retos e muito fiéis.

139 O meu zelo me consumiu, porque os meus inimigos se esqueceram da tua palavra.

140 A tua palavra é muito pura; portanto, o teu servo a ama.

141 Pequeno sou e desprezado, porém não me esqueço dos teus mandamentos.

142 A tua justiça é uma justiça eterna, e a tua lei é a verdade.

143 Aflição e angústia se apoderam de mim; contudo os teus mandamentos são o meu prazer.

144 A justiça dos teus testemunhos é eterna; dá-me inteligência, e viverei.

Qof

145 Clamei de todo o meu coração; escuta-me, Senhor, e guardarei os teus estatutos.

146 A ti te invoquei; salva-me, e guardarei os teus testemunhos.

147 Antecipei o cair da noite, e clamei; esperei na tua palavra.

148 Os meus olhos anteciparam as vigílias da noite, para meditar na tua palavra.

149 Ouve a minha voz, segundo a tua benignidade; vivifica-me, ó Senhor, segundo o teu juízo.

150 Aproximam-se os que se dão a maus tratos; afastam-se da tua lei.

151 Tu estás perto, ó Senhor, e todos os teus mandamentos são a verdade.

152 Acerca dos teus testemunhos soube, desde a antiguidade, que tu os fundaste para sempre.

Resh

153 Olha para a minha aflição, e livra-me, pois não me esqueci da tua lei.

154 Pleiteia a minha causa, e livra-me; vivifica-me segundo a tua palavra.

155 A salvação está longe dos ímpios, pois não buscam os teus estatutos.

156 Muitas são, ó Senhor, as tuas misericórdias; vivificam-me segundo os teus juízos.

157 Muitos são os meus perseguidores e os meus inimigos; mas não me desvio dos teus testemunhos.

158 Vi os transgressores, e me afligi, porque não observam a tua palavra.

159 Considera como amo os teus preceitos; vivifica-me, ó Senhor, segundo a tua benignidade.

160 A tua palavra é a verdade desde o princípio, e cada um dos teus juízos dura para sempre.

Shin

161 Príncipes me perseguiram sem causa, mas o meu coração temeu a tua palavra.

162 Folgo com a tua palavra, como aquele que acha um grande despojo.

163 Abomino e odeio a mentira; mas amo a tua lei.

164 Sete vezes no dia te louvo pelos juízos da tua justiça.

165 Muita paz tem os que amam a tua lei, e para eles não há tropeço.

166 Senhor, tenho esperado na tua salvação, e tenho cumprido os teus mandamentos.

167 A minha alma tem observado os teus testemunhos; amo-os excessivamente.

168 Tenho observado os teus preceitos, e os teus testemunhos, porque todos os meus caminhos estão diante de ti.

Tau

169 Chegue a ti o meu clamor, ó Senhor; dá-me entendimento conforme a tua palavra.

170 Chegue a minha súplica perante a tua face; livra-me segundo a tua palavra.

171 Os meus lábios proferiram o louvor, quando me ensinaste os teus estatutos.

172 A minha língua falará da tua palavra, pois todos os teus mandamentos são justiça.

173 Venha a tua mão socorrer-me, pois escolhi os teus preceitos.

174 Tenho desejado a tua salvação, ó Senhor; a tua lei é todo o meu prazer.

175 Viva a minha alma, e louvar-te-á; ajudem-me os teus juízos.

176 Desgarrei-me como a ovelha perdida; busca o teu servo, pois não me esqueci dos teus mandamentos.

A luz do meu coração se expande e
irradia como um imenso sol de amor.

♫ Salmo 120 ♫

*Dispersa a inquietação e o temor; proporciona
sono tranquilo e combate a melancolia.*

1 Na minha angústia clamei ao Senhor, e Ele me ouviu.

2 Senhor, livra a minha alma dos lábios mentirosos e da língua enganadora.

3 Que te será dado, ou que te será acrescentado, língua enganadora?

4 Flechas agudas do poderoso, com brasas vivas de zimbro.

5 Ai de mim, que peregrino em Meseque, e habito nas tendas de Quedar.

6 A minha alma bastante tempo habitou com os que detestam a paz.

7 Pacífico sou, mas quando eu falo já eles procuram a guerra.

*Agradeça a Deus todas as oportunidades
que você tem para reparar seus erros.*

✍ Salmo 121 ✍

Decifra e soluciona questões financeiras; facilita a imparcialidade e combate carmas negativos.

1 Levantarei os meus olhos para os montes, de onde vem o meu socorro.

2 O meu socorro vem do Senhor que fez o Céu e a Terra.

3 Não deixará vacilar o teu pé; aquele que te guarda não dormitará.

4 Eis que não dormitará nem dormirá o guarda de Israel.

5 O Senhor é quem te guarda; o Senhor é a tua sombra à tua direita.

6 O sol não te molestará de dia nem a lua de noite.

7 O Senhor te guardará de todo o mal; guardará a tua alma.

8 O Senhor guardará a tua entrada e a tua saída, desde agora e para sempre.

A melhor maneira para que você seja feliz
é contribuir para a felicidade das outras pessoas.

Salmo 122

Traz auxílio familiar; protege contra o abandono e favorece a obediência e a fraternidade.

1 Alegrei-me quando me disseram: Vamos à casa do Senhor.

2 Os nossos pés estão dentro das tuas portas, ó Jerusalém.

3 Jerusalém está edificada como uma cidade que é compacta.

4 Onde sobem as tribos, as tribos do Senhor, até ao testemunho de Israel, para darem graças ao nome do Senhor.

5 Pois ali estão os tronos do juízo, os tronos da casa de Davi.

6 Orai pela paz de Jerusalém; prosperarão aqueles que te amam.

7 Haja paz dentro de teus muros, e prosperidade dentro dos teus palácios.

8 Por causa dos meus irmãos e amigos, direi: Paz esteja em ti.

9 Por causa da casa do Senhor nosso Deus, buscarei o teu bem.

*Aqueça seu coração com a magia
e a energia pura do amor.*

Salmo 123

Protege contra roubos e violência; ajuda a realizar e a concretizar anseios e desejos e elimina a sensação de desprezo.

1 A ti levanto os meus olhos, ó tu que habitas nos céus.

2 Assim como os olhos dos servos atentam para as mãos dos seus senhores, e os olhos da serva para as mãos de sua senhora, assim os nossos olhos atentam para o Senhor nosso Deus, até que tenha piedade de nós.

3 Tem piedade de nós, ó Senhor, tem piedade de nós, pois estamos assaz fartos de desprezo.

4 A nossa alma está extremamente farta da zombaria daqueles que estão à sua vontade e do desprezo dos soberbos.

Quando estou aberto para a luz e para o amor da minha alma, tudo em minha vida se realiza com bençãos divinas.

ꙮ Salmo 124 ꙮ

**Alcança a glória e o triunfo; ajuda a progredir
e a prosperar e traz sensação de amparo.**

1 Se não fora o Senhor, que esteve ao nosso lado, ora diga Israel;

2 Se não fora o Senhor, que esteve ao nosso lado, quando os homens se levantaram contra nós.

3 Eles então nos teriam engolido vivos, quando a sua ira se acendeu contra nós.

4 Então as águas teriam transbordado sobre nós, e a corrente teria passado sobre a nossa alma;

5 Então as águas altivas teriam passado sobre a nossa alma;

6 Bendito seja o Senhor, que não nos deu por presa aos seus dentes.

7 A nossa alma escapou, como um pássaro do laço dos passarinheiros; o laço quebrou-se, e nós escapamos.

8 O nosso socorro está no nome do Senhor, que fez o Céu e a Terra.

*Se você acordou com um belo propósito de vida,
ponha-se em ação e inicie-o agora.*

✑ Salmo 125 ✒

**Afasta momentos aflitivos; alivia a angústia
do sofrimento; traz consolo e discernimento.**

1 Os que confiam no Senhor serão como o monte de Sião, que não se abala, mas permanece para sempre.

2 Assim como estão os montes à roda de Jerusalém, assim o Senhor está em volta do seu povo desde agora e para sempre.

3 Porque o cetro da impiedade não permanecerá sobre a sorte dos justos, para que o justo não estenda as suas mãos para a iniquidade.

4 Faze bem, ó Senhor, aos bons e aos que são retos de coração.

5 Quanto àqueles que se desviam para os seus caminhos tortuosos, levá-los-á o Senhor com os que praticam a maldade; paz haverá sobre Israel.

*O discernimento é um conhecimento interior
que nos conduz com facilidade e leveza ao que é correto.*

✥ Salmo 126 ✥

Traz sorte, serenidade, harmonia, felicidade, prosperidade e saúde para a família.

1 Quando o Senhor trouxe do cativeiro os que voltaram a Sião, estávamos como os que sonham.

2 Então a nossa boca se encheu de riso e a nossa língua de cântico; então se dizia entre os gentios: Grandes coisas fez o Senhor a estes.

3 Grandes coisas fez o Senhor por nós, pelas quais estamos alegres.

4 Traze-nos outra vez, ó Senhor, do cativeiro, como as correntes das águas no Sul.

5 Os que semeiam em lágrimas ceifarão com alegria.

6 Aquele que leva a preciosa semente, andando e chorando, voltará, sem dúvida, com alegria, trazendo consigo os seus molhos.

Quando estou em harmonia com o Universo, a serenidade, a felicidade e a prosperidade fluem facilmente em minha vida.

Salmo 127

Elevação da condição financeira; progresso social; transição e sucesso no trabalho.

1 Se o Senhor não edificar a casa, em vão trabalham os que a edificam; se o Senhor não guardar a cidade, em vão vigia a sentinela.

2 Inútil vos será levantar de madrugada, repousar tarde, comer o pão de dores, pois assim dá ele aos seus amados o sono.

3 Eis que os filhos são herança do Senhor, e o fruto do ventre o seu galardão.

4 Como flechas na mão de um homem poderoso, assim são os filhos da mocidade.

5 Bem-aventurado o homem que enche deles a sua aljava; não serão confundidos, mas falarão com os seus inimigos à porta.

O seu verdadeiro sucesso consiste no seu empenho contínuo para a superação dos obstáculos.

✺ Salmo 128 ✺

Ajuda contra a impunidade; anula a injúria e a ostensividade; cria prosperidade e aumenta a longevidade.

1 Bem-aventurado aquele que teme ao Senhor e anda nos seus caminhos.

2 Pois comerás do trabalho das tuas mãos; feliz serás, e te irá bem.

3 A tua mulher será como a videira frutífera aos lados da tua casa; os teus filhos como plantas de oliveira à roda da tua mesa.

4 Eis que assim será abençoado o homem que teme ao Senhor.

5 O Senhor te abençoará desde Sião, e tu verás o bem de Jerusalém em todos os dias da tua vida.

6 E verás os filhos de teus filhos, e a paz sobre Israel.

No caminho de quem sabe dar e receber, tudo é auspicioso
e bençãos divinas são semeadas abundantemente.

∽ Salmo 129 ∾

Acalenta os que sofrem; ajuda na descoberta do que é verdadeiro e real e estimula a persistência.

1 Muitas vezes me angustiaram desde a minha mocidade, diga agora Israel;

2 Muitas vezes me angustiaram desde a minha mocidade; todavia não prevaleceram contra mim.

3 Os lavradores araram sobre as minhas costas; compridos fizeram os seus sulcos.

4 O Senhor é justo; cortou as cordas dos ímpios.

5 Sejam confundidos, e voltem para trás todos os que odeiam a Sião.

6 Sejam como a erva dos telhados que se seca antes que a arranquem.

7 Com a qual o ceifador não enche a sua mão, nem o que ata os feixes enche o seu braço.

8 Nem tampouco os que passam dizem: A bênção do Senhor seja sobre vós; nós vos abençoamos em nome do Senhor.

Sorria, atraia alegria para a sua vida.

～ Salmo 130 ～

*Ajuda a banir a ira e o rancor; traz boas influências
e novas oportunidades e facilita a remissão.*

1 Das profundezas a ti clamo, ó Senhor.

2 Senhor, escuta a minha voz; sejam os teus ouvidos atentos ao meu clamor por misericórdia.

3 Se tu, Senhor, observares as iniquidades, Senhor, quem subsistirá?

4 Mas contigo está o perdão, para que sejas temido.

5 Aguardo ao Senhor; a minha alma o aguarda, e espero na sua palavra.

6 A minha alma anseia pelo Senhor, mais do que os guardas pela manhã, mais do que aqueles que guardam pela manhã.

7 Espere Israel no Senhor, porque no Senhor há misericórdia, e nele há abundante redenção.

8 E ele remirá a Israel de todas as suas iniquidades.

*Felicidade é a experiência mais sublime
que um ser pode ter e viver.*

✆ Salmo 131 ✆

Traz calma; melhora a compreensão e o discernimento interpessoal e proporciona um sono reparador.

1 Senhor, o meu coração não se elevou nem os meus olhos se levantaram; não me exercito em grandes matérias, nem em coisas muito elevadas para mim.

2 Certamente que me tenho portado e sossegado como uma criança desmamada de sua mãe; a minha alma está como uma criança desmamada.

3 Espere Israel no Senhor, desde agora e para sempre.

Eu sou constantemente orientado
pelos bons anjos de Deus.

꒰ Salmo 132 ꒱

Facilita a concordância e harmonia conjugal e favorece o amor ao próximo.

1 Lembra-te, Senhor, de Davi, e de todas as suas aflições.

2 Como jurou ao Senhor, e fez votos ao poderoso Deus de Jacó, dizendo:

3 Certamente que não entrarei na tenda de minha casa, nem subirei à minha cama,

4 Não darei sono aos meus olhos, nem repouso às minhas pálpebras,

5 Enquanto não achar lugar para o Senhor, uma morada para o poderoso Deus de Jacó.

6 Eis que ouvimos falar dela em Efrata, e a achamos no campo do bosque.

7 Entraremos na sua morada; prostrar-nos-emos ante o estrado de seus pés.

8 Levanta-te, Senhor, ao teu repouso, tu e a arca da tua força.

9 Vistam-se os teus sacerdotes de justiça, e alegrem-se os teus santos.

10 Por amor de Davi, teu servo, não faças virar o rosto do teu ungido.

11 O Senhor jurou com verdade a Davi, e não se apartará dela: Do fruto do teu ventre porei sobre o teu trono.

12 Se os teus filhos guardarem a minha aliança, e os meus testemunhos, que eu lhes hei de ensinar, também os seus filhos se assentarão perpetuamente no teu trono.

13 Porque o Senhor escolheu a Sião; desejou-a para a sua habitação, dizendo:

14 Este é o meu repouso para sempre; aqui habitarei, pois o desejei.

15 Abençoarei abundantemente o seu mantimento; fartarei de pão os seus necessitados.

16 Vestirei os seus sacerdotes de salvação, e os seus santos saltarão de prazer.

17 Ali farei brotar a força de Davi; preparei uma lâmpada para o meu ungido.

18 Vestirei os seus inimigos de vergonha; mas sobre ele florescerá a sua coroa.

Estando Deus em todos os lugares,
onde eu invocá-Lo serei ouvido e atendido por Ele.

Relação dos 150 Salmos e seus usos ꒰ *225*

Salmo 133

**Incentiva a tirar proveito de ensinamentos
e lições; estimula os bons exemplos e traz união.**

1 Oh! Quão bom e quão suave é que os irmãos vivam em união.

2 É como o óleo precioso sobre a cabeça, que desce sobre a barba, a barba de Arão, e que desce à orla das suas vestes.

3 Como o orvalho de Hermom, e como o que desce sobre os montes de Sião, porque ali o Senhor ordena a bênção e a vida para sempre.

*De nada adianta orar, se o amor
e a bondade não habitarem o coração.*

Salmo 134

Reforça a fé em Deus; traz bênção e paz mundial e estimula a sinceridade e a fidelidade.

1 Eis aqui, bendizei ao Senhor todos vós, servos do Senhor, que assistis na casa do Senhor todas as noites.

2 Levantai as vossas mãos no santuário, e bendizei ao Senhor.

3 O Senhor que fez o Céu e a Terra te abençoe desde Sião.

Aprende a reagir, não contra-atacar.

(Buda)

Salmo 135

Promove ascensão profissional; traz equilíbrio na contrariedade e no infortúnio e estimula a inteligência.

1 Louvai ao Senhor. Louvai o nome do Senhor; louvai-o, servos do Senhor.

2 Vós que assistis na casa do Senhor, nos átrios da casa do nosso Deus.

3 Louvai ao Senhor, porque o Senhor é bom; cantai louvores ao seu nome, porque é agradável.

4 Porque o Senhor escolheu para si a Jacó, e a Israel para seu próprio tesouro.

5 Porque eu conheço que o Senhor é grande e que o nosso Senhor está acima de todos os deuses.

6 Tudo o que o Senhor quis, fez, nos céus e na terra, nos mares e em todos os abismos.

7 Faz subir os vapores das extremidades da terra; faz os relâmpagos para a chuva; tira os ventos dos seus tesouros.

8 O que feriu os primogênitos do Egito, desde os homens até os animais;

9 O que enviou sinais e prodígios no meio de ti, ó Egito, contra Faraó e contra os seus servos;

10 O que feriu muitas nações, e matou poderosos reis:

11 A Siom, rei dos amorreus, e a Ogue, rei de Basã, e a todos os reinos de Canaã;

12 E deu a sua terra em herança, em herança a Israel, seu povo.

13 O teu nome, ó Senhor, dura perpetuamente, e a tua memória, ó Senhor, de geração em geração.

14 Pois o Senhor julgará o seu povo, e se arrependerá com respeito aos seus servos.

15 Os ídolos das nações são prata e ouro, obra das mãos dos homens.

16 Têm boca, mas não falam; têm olhos, e não veem,

17 Têm ouvidos, mas não ouvem, nem há respiro algum nas suas bocas.

18 Semelhantes a eles se tornem os que os fazem, e todos os que confiam neles.

19 Casa de Israel bendiga ao Senhor; casa de Arão bendiga ao Senhor;

20 Casa de Levi bendiga ao Senhor; vós os que temeis ao Senhor, louvai ao Senhor.

21 Bendito seja o Senhor desde Sião, que habita em Jerusalém. Louvai ao Senhor.

É no seu coração que reside o início
e o resultado das coisas que tanto almeja.

⁊ Salmo 136 ⁊

Acelera a chegada de uma recompensa esperada; traz elevação espiritual e entusiasmo.

1 Louvai ao Senhor, porque ele é bom; porque a sua benignidade dura para sempre.

2 Louvai ao Deus dos deuses; porque a sua benignidade dura para sempre.

3 Louvai ao Senhor dos senhores; porque a sua benignidade dura para sempre.

4 Aquele que só faz maravilhas; porque a sua benignidade dura para sempre.

5 Aquele que por entendimento fez os céus; porque a sua benignidade dura para sempre.

6 Aquele que estendeu a terra sobre as águas; porque a sua benignidade dura para sempre.

7 Aquele que fez os grandes luminares; porque a sua benignidade dura para sempre;

8 O sol para governar de dia; porque a sua benignidade dura para sempre;

9 A lua e as estrelas para presidirem à noite; porque a sua benignidade dura para sempre;

10 O que feriu o Egito nos seus primogênitos; porque a sua benignidade dura para sempre;

11 E tirou a Israel do meio deles; porque a sua benignidade dura para sempre;

12 Com mão forte, e com braço estendido; porque a sua benignidade dura para sempre;

13 Aquele que dividiu o Mar Vermelho em duas partes; porque a sua benignidade dura para sempre;

14 E fez passar Israel pelo meio dele; porque a sua benignidade dura para sempre;

15 Mas derrubou a Faraó com o seu exército no Mar Vermelho; porque a sua benignidade dura para sempre.

16 Aquele que guiou o seu povo pelo deserto; porque a sua benignidade dura para sempre;

17 Aquele que feriu os grandes reis; porque a sua benignidade dura para sempre;

18 E matou reis famosos; porque a sua benignidade dura para sempre;

19 Siom, rei dos amorreus; porque a sua benignidade dura para sempre;

20 E Ogue, rei de Basã; porque a sua benignidade dura para sempre;

21 E deu a terra deles em herança; porque a sua benignidade dura para sempre;

22 E mesmo em herança a Israel, seu servo; porque a sua benignidade dura para sempre;

23 Que se lembrou da nossa humilhação; porque a sua benignidade dura para sempre;

24 E nos remiu dos nossos inimigos; porque a sua benignidade dura para sempre;

25 O que dá mantimento a toda a carne; porque a sua benignidade dura para sempre.

26 Louvai ao Deus dos céus; porque a sua benignidade dura para sempre.

Todas as orações sinceras recebem respostas.

Salmo 137

Auxilia e protege os humildes e desamparados; traz agilidade para a realização de um desejo solicitado e atenua a saudade.

1 Junto dos rios de Babilônia, ali nos assentamos e choramos, quando nos lembramos de Sião.

2 Sobre os salgueiros que há no meio dela, penduramos as nossas harpas.

3 Pois aqueles que nos levaram cativos nos pediam uma canção; e os que nos destruíram, que os alegrássemos, dizendo: Cantai-nos uma das canções de Sião.

4 Como cantaremos a canção do Senhor em terra estranha?

5 Se eu me esquecer de ti, ó Jerusalém, esqueça-se a minha direita da sua destreza.

6 Se me não lembrar de ti, apegue-se-me a língua ao meu paladar; se não preferir Jerusalém à minha maior alegria.

7 Lembra-te, Senhor, dos filhos de Edom no dia de Jerusalém, que diziam: Descobri-a, descobri-a até aos seus alicerces.

8 Ah! filha de Babilônia, que vais ser assolada; feliz aquele que te retribuir o pago que tu nos pagaste a nós.

9 Feliz aquele que pegar em teus filhos e der com eles nas pedras.

Uma atitude otimista derrota todos os obstáculos.

～ Salmo 138 ～

Ajuda a vencer os momentos difíceis; amaina o saudosismo; estimula a progressão e o agradecimento.

1 Eu te louvarei, de todo o meu coração; na presença dos deuses a ti cantarei louvores.

2 Inclinar-me-ei para o teu santo templo, e louvarei o teu nome pela tua benignidade, e pela tua verdade; pois engrandeceste a tua palavra acima de todo o teu nome.

3 No dia em que eu clamei, me escutaste; e alentaste com força a minha alma.

4 Todos os reis da Terra te louvarão, ó Senhor, quando ouvirem as palavras da tua boca;

5 E cantarão os caminhos do Senhor; pois grande é a glória do Senhor.

6 Ainda que o Senhor é excelso, atenta, todavia, para o humilde; mas ao soberbo conhece-o de longe.

7 Andando, eu no meio da angústia, tu me reviverás; estenderás a tua mão contra a ira dos meus inimigos, e a tua destra me salvará.

8 O Senhor aperfeiçoará o que me toca; a tua benignidade, ó Senhor, dura para sempre; não desampares as obras das tuas mãos.

*O agradecimento está no coração de cada um
que se dedica a amar e a servir, sem medo de ser feliz.*

Salmo 139

Preserva o lar e a família; afasta a corrupção e a depravação e favorece o conhecimento.

1 Senhor, tu me sondaste, e me conheces.

2 Tu sabes o meu assentar e o meu levantar; de longe entendes o meu pensamento.

3 Cercas o meu andar, e o meu deitar; e conheces todos os meus caminhos.

4 Não havendo ainda palavra alguma na minha língua, eis que logo, ó Senhor, tudo conheces.

5 Tu me cercaste em volta, e puseste sobre mim a tua mão.

6 Tal ciência é para mim maravilhosa; tão alta que não a posso atingir.

7 Para onde me irei do teu espírito, ou para onde fugirei da tua face?

8 Se subir ao Céu, lá tu estás; se fizer no inferno a minha cama, eis que tu ali estás também.

9 Se tomar as asas da alva, se habitar nas extremidades do mar,

10 Até ali a tua mão me guiará e a tua destra me susterá.

11 Se disser: Decerto que as trevas me encobrirão; então a noite será luz à roda de mim.

12 Nem ainda as trevas me encobrem de ti; mas a noite resplandece como o dia; as trevas e a luz são para ti a mesma coisa;

13 Pois possuíste o meu interior; cobriste-me no ventre de minha mãe.

14 Eu te louvarei, porque de um modo assombroso, e tão maravilhoso fui feito; maravilhosas são as tuas obras, e a minha alma o sabem muito bem.

15 Os meus ossos não te foram encobertos, quando no oculto fui feito, e entretecido nas profundezas da terra.

16 Os teus olhos viram o meu corpo ainda informe; e no teu livro todas estas coisas foram escritas; as quais em continuação foram formadas, quando nem ainda uma delas havia.

17 E quão preciosos me são, ó Deus, os teus pensamentos! Quão grandes são as somas deles!

18 Se as contasse, seria em maior número do que a areia; quando acordo ainda estou contigo.

19 Ó Deus, tu matarás decerto o ímpio; apartai-vos, portanto de mim, homens de sangue.

20 Pois falam malvadamente contra ti; e os teus inimigos tomam o teu nome em vão.

21 Não odeio eu, ó Senhor, aqueles que te odeiam, e não me aflijo por causa dos que se levantam contra ti?

22 Odeio-os com ódio perfeito; tenho-os por inimigos.

23 Sonda-me, ó Deus, e conhece o meu coração; prova-me, e conhece os meus pensamentos.

24 E vê, se há em mim algum caminho mau, guia-me pelo caminho eterno.

*Em família, ouvir e respeitar
são a fonte da harmonia.*

Salmo 140

Incentiva a ter cautela com as palavras;
traz bons relacionamentos; defende a confiabilidade
e contém a violência.

1 Livra-me, ó Senhor, do homem mau; guarda-me do homem violento,

2 Que pensa o mal no coração; continuamente se ajuntam para a guerra.

3 Aguçaram as línguas como a serpente; o veneno das víboras está debaixo dos seus lábios. (Pausa)

4 Guarda-me, ó Senhor, das mãos do ímpio; guarda-me do homem violento; os quais se propuseram transtornar os meus passos.

5 Os soberbos armaram-me laços e cordas; estenderam a rede ao lado do caminho; armaram-me laços corrediços. (Pausa)

6 Eu disse ao Senhor: Tu és o meu Deus; ouve a voz das minhas súplicas, ó Senhor.

7 O Deus o Senhor, fortaleza da minha salvação, tu cobriste a minha cabeça no dia da batalha.

8 Não concedas, ó Senhor, ao ímpio os seus desejos; não promovas o seu mau propósito, para que não se exalte. (Pausa)

9 Quanto à cabeça dos que me cercam, cubra-os a maldade dos seus lábios.

10 Caiam sobre eles brasas vivas; sejam lançados no fogo, em covas profundas, para que se não tornem a levantar.

11 Não terá firmeza na terra o homem de má língua; o mal perseguirá o homem violento até que seja desterrado.

12 Sei que o Senhor sustentará a causa do oprimido, e o direito do necessitado.

13 Assim os justos louvarão o teu nome; os retos habitarão na tua presença.

Através da palavra correta, uma luz é acesa,
e tudo é compreendido, sem desperdícios e com precisão.

✍ Salmo 141 ✍

Desencadeia pendências judiciais; livra contra empecilhos e obstáculos e ajuda a ter prudência.

1 Senhor, a ti clamo, escuta-me; inclina os teus ouvidos à minha voz, quando a ti clamar.

2 Suba a minha oração perante a tua face como incenso, e as minhas mãos levantadas sejam como o sacrifício da tarde.

3 Põe, ó Senhor, uma guarda à minha boca; guarda a porta dos meus lábios.

4 Não inclines o meu coração a coisas más, a praticar obras más, com aqueles que praticam a iniquidade; e não coma das suas delícias.

5 Fira-me o justo, será isso uma benignidade; e repreenda-me, será um excelente óleo, que não me quebrará a cabeça; pois a minha oração também ainda continuará nas suas próprias calamidades.

6 Quando os seus juízes forem derrubados pelos lados da rocha, ouvirão as minhas palavras, pois são agradáveis.

7 Os nossos ossos são espalhados à boca da sepultura como se alguém fendera e partira lenha na terra.

8 Mas os meus olhos te contemplam, ó Deus o Senhor; em ti confio; não desnudes a minha alma.

9 Guarda-me dos laços que me armaram; e dos laços corrediços dos que praticam a iniquidade.

10 Caiam os ímpios nas suas próprias redes, até que eu tenha escapado inteiramente.

Ser prudente é estar atento a tudo que precisa ser feito
para prevenir algo indesejável mais tarde.

✺ Salmo 142 ✺

Proporciona o reconhecimento merecido; dissipa o desalento; promove alegria interior e afasta a desilusão.

1 Com a minha voz clamo ao Senhor, com a minha voz ao Senhor suplico.

2 Derramo a minha queixa perante a sua face; exponho-lhe a minha angústia.

3 Quando dentro em mim desfalece o meu espírito, és tu quem conheces a minha vereda; no caminho em que eu ando ocultaram-me um laço.

4 Olha para minha direita, e vê; ninguém há que se interesse por mim. Refúgio me falta; ninguém cuida da minha alma.

5 A ti, ó Senhor, clamo; eu digo: tu és o meu refúgio, a minha porção na terra dos viventes.

6 Atende ao meu clamor, pois estou muito abatido; livra-me dos meus perseguidores, pois são mais fortes do que eu.

7 Tira minha alma da prisão para que eu louve o teu nome. Então os justos me rodearão, por causa da tua bondade para comigo.

Perdoar uma ofensa é a melhor maneira
de conservar o coração sadio.

∽ Salmo 143 ∾

Inibe a vaidade e a arrogância desmedida e traz bonança, calmaria e equilíbrio.

1 Ó Senhor, ouve a minha oração, inclina os ouvidos às minhas súplicas; escuta-me segundo a tua verdade, e segundo a tua justiça.

2 E não entres em juízo com o teu servo, porque à tua vista não se achará justo nenhum vivente.

3 Pois o inimigo perseguiu a minha alma; atropelou-me até ao chão; fez-me habitar na escuridão, como aqueles que morreram há muito.

4 Pois que o meu espírito se angustia em mim; e o meu coração em mim está desolado.

5 Lembro-me dos dias antigos; considero todos os teus feitos; medito na obra das tuas mãos.

6 Estendo para ti as minhas mãos; a minha alma tem sede de ti, como terra sedenta. (Pausa)

7 Ouve-me depressa, ó Senhor; o meu espírito desmaia. Não escondas de mim a tua face, para que não seja semelhante aos que descem à cova.

8 Faze-me ouvir a tua benignidade pela manhã, pois em ti confio; faze-me saber o caminho que devo seguir, porque a ti levanto a minha alma.

9 Livra-me, ó Senhor, dos meus inimigos; fujo para ti, para me esconder.

10 Ensina-me a fazer a tua vontade, pois és o meu Deus. O teu Espírito é bom; guie-me por terra plana.

11 Vivifica-me, ó Senhor, por amor do teu nome; por amor da tua justiça, tira a minha alma da angústia.

12 E por tua misericórdia desarraiga os meus inimigos, e destrói a todos os que angustiam a minha alma; pois sou teu servo.

Tudo o que ocorre em sua vida, de bom ou de ruim, você é o único autor, não há possibilidade de coautoria.

Salmo 144

Agiliza admissão empregatícia; eleva a autoestima; soluciona pendências e traz refúgio.

1 Bendito seja o Senhor, minha rocha, que ensina as minhas mãos para a peleja e os meus dedos para a guerra;

2 Benignidade minha e fortaleza minha; alto retiro meu e meu libertador és tu; escudo meu, em quem eu confio, e que me sujeita o meu povo.

3 Senhor, que é o homem, para que o conheças, e o filho do homem, para que o estimes?

4 O homem é semelhante à vaidade; os seus dias são como a sombra que passa.

5 Abaixa, ó Senhor, os teus céus, e desce; toca os montes, e fumegarão.

6 Vibra os teus raios e dissipa-os; envia as tuas flechas, e desbarata-os.

7 Estende as tuas mãos desde o alto; livra-me, e arrebata-me das muitas águas e das mãos dos filhos estranhos,

8 Cuja boca fala vaidade, e a sua mão direita é a destra de falsidade.

9 A ti, ó Deus, cantarei um cântico novo; com o saltério e instrumento de dez cordas te cantarei louvores;

10 A ti, que dás a salvação aos reis, e que livras a Davi, teu servo, da espada maligna.

11 Livra-me, e tira-me das mãos dos filhos estranhos, cuja boca fala vaidade, e a sua mão direita é a destra de iniquidade,

12 Para que nossos filhos sejam como plantas crescidas na sua mocidade; para que as nossas filhas sejam como pedras angulares lavradas como colunas de um palácio;

13 Para que as nossas dispensas se encham de todo provimento; para que os nossos rebanhos produzam a milhares e a dezenas de milhares nas nossas ruas.

14 Para que os nossos bois sejam fortes para o trabalho; para que não haja nem assaltos, nem saídas, nem gritos nas nossas ruas.

15 Bem-aventurado o povo ao qual assim acontece; bem-aventurado é o povo cujo Deus é o Senhor.

Ao confiar no meu equilíbrio interior, liberto-me de limitações e permito que mudanças possam ocorrer.

⇜ Salmo 145 ⇝

Alcança a fé absoluta, traz credibilidade no âmbito superior e ajuda na libertação.

1 Eu te exaltarei, ó Deus, rei meu, e bendirei o teu nome pelos séculos dos séculos e para sempre.

2 Cada dia te bendirei, e louvarei o teu nome pelos séculos dos séculos e para sempre.

3 Grande é o Senhor, e muito digno de louvor, e a sua grandeza insondável.

4 Uma geração louvará as tuas obras à outra geração, e anunciarão as tuas proezas.

5 Falarei da magnificência gloriosa da tua majestade e meditarei nas tuas obras maravilhosas.

6 E se falará da força dos teus feitos terríveis; e contarei a tua grandeza.

7 Proferirão abundantemente a memória da tua grande bondade, e cantarão a tua justiça.

8 Piedoso e benigno é o Senhor, sofredor e de grande misericórdia.

9 O Senhor é bom para todos, e as suas misericórdias são sobre todas as suas obras.

10 Todas as tuas obras te louvarão, ó Senhor, e os teus santos te bendirão.

11 Falarão da glória do teu reino, e relatarão o teu poder,

12 Para fazer saber aos filhos dos homens as tuas proezas e a glória da magnificência do teu reino.

13 O teu reino é um reino eterno; o teu domínio dura em todas as gerações.

14 O Senhor sustenta a todos os que caem, e levanta a todos os abatidos.

15 Os olhos de todos esperam em ti, e lhes dás o seu mantimento há seu tempo.

16 Abres a tua mão, e fartas os desejos de todos os viventes.

17 Justo é o Senhor em todos os seus caminhos, e santo em todas as suas obras.

18 Perto está o Senhor de todos os que o invocam, de todos os que o invocam em verdade.

19 Ele cumprirá o desejo dos que o temem; ouvirá o seu clamor, e os salvará.

20 O Senhor guarda a todos os que o amam; mas todos os ímpios serão destruídos.

21 A minha boca falará o louvor do Senhor, e toda a carne louvará o seu santo nome pelos séculos dos séculos e para sempre.

Viva cada momento plenamente como se fosse o último.

Salmo 146

Traz benefício à natureza; ajuda a exercer a fé absoluta. Faz junção de todas as crenças e ajuda na salvação.

1 Louvai ao Senhor. Ó minha alma, louva ao Senhor.

2 Louvarei ao Senhor durante a minha vida; cantarei louvores ao meu Deus enquanto eu for vivo.

3 Não confieis em príncipes, nem em filho de homem, em quem não há salvação.

4 Sai-lhe o espírito, volta para a terra; naquele mesmo dia perecem os seus pensamentos.

5 Bem-aventurado aquele que tem o Deus de Jacó por seu auxílio, e cuja esperança está posta no Senhor seu Deus.

6 O que fez os céus e a terra, o mar e tudo quanto há neles, e o que guarda a verdade para sempre;

7 O que faz justiça aos oprimidos, o que dá pão aos famintos. O Senhor solta os encarcerados.

8 O Senhor abre os olhos aos cegos; o Senhor levanta os abatidos; o Senhor ama os justos;

9 O Senhor guarda os estrangeiros; sustém o órfão e a viúva, mas transtorna o caminho dos ímpios.

10 O Senhor reinará eternamente; o teu Deus, ó Sião, de geração em geração. Louvai ao Senhor.

Tudo o que eu fizer hoje só terá importância se for sempre para o bem de todos.

Salmo 147

Traz notícias de pessoas ausentes; ajuda harmonizar o ambiente e resguarda e protege contra os desonestos.

1 Louvai ao Senhor, porque é bom cantar louvores ao nosso Deus, porque é agradável; decoroso é o louvor.

2 O Senhor edifica a Jerusalém, congrega os dispersos de Israel.

3 Sara os quebrantados de coração, e lhes ata as suas feridas.

4 Conta o número das estrelas, chama-as a todas pelos seus nomes.

5 Grande é o nosso Senhor, e de grande poder; o seu entendimento é infinito.

6 O Senhor eleva os humildes, e abate os ímpios até à Terra.

7 Cantai ao Senhor em ação de graças; cantai louvores ao nosso Deus sobre a harpa.

8 Ele é o que cobre o céu de nuvens, o que prepara a chuva para a terra, e o que faz produzir erva sobre os montes;

9 O que dá aos animais o seu sustento, e aos filhos dos corvos, quando clamam.

10 Não se deleita na força do cavalo, nem se compraz na agilidade do homem.

11 O Senhor se agrada dos que o temem e dos que esperam na sua misericórdia.

12 Louva, ó Jerusalém, ao Senhor; louva, ó Sião, ao teu Deus.

13 Porque fortaleceu os ferrolhos das tuas portas; abençoa aos teus filhos dentro de ti.

14 Ele é o que põe em paz os teus termos, e da flor da farinha te farta.

15 O que envia o seu mandamento à Terra; a sua palavra corre velozmente.

16 O que dá a neve como lã; esparge a geada como cinza;

17 O que lança o seu gelo em pedaços; quem pode resistir ao seu frio?

18 Manda a sua palavra, e os faz derreter; faz soprar o vento, e correm as águas.

19 Mostrou a sua palavra a Jacó, os seus estatutos e os seus juízos a Israel.

20 Não fez assim a nenhuma outra nação; e quanto aos seus juízos, não os conhecem. Louvai ao Senhor.

Se quero o melhor para mim, tenho que dar o melhor de mim.

Relação dos 150 Salmos e seus usos 245

Salmo 148

Ajuda a reconhecer a graça recebida e estimula o agradecimento e o respeito.

1 Louvai ao Senhor. Louvai ao Senhor desde os céus, louvai-o nas alturas.

2 Louvai-o, todos os seus anjos; louvai-o, todos os seus exércitos celestiais.

3 Louvai-o, Sol e Lua; louvai-o, todas as estrelas luzentes.

4 Louvai-o, céus dos céus, e as águas que estão sobre os céus.

5 Louvem o nome do Senhor, pois mandou, e logo foram criados.

6 E os confirmou eternamente para sempre, e lhes deu um decreto que não ultrapassarão.

7 Louvai ao Senhor desde a terra: vós, baleias, e todos os abismos;

8 Relâmpago e saraiva, neve e nuvens, ventos tempestuosos que executam a sua palavra;

9 Montes e todos os outeiros, árvores frutíferas e todos os cedros;

10 As feras e todos os gados, répteis e aves voadoras;

11 Reis da Terra e todos os povos, príncipes e todos os juízes da Terra;

12 Moços e moças, velhos e crianças.

13 Louvem o nome do Senhor, pois só o seu nome é exaltado; a sua glória está sobre a Terra e o Céu.

14 Ele também exalta o poder do seu povo, o louvor de todos os seus santos, dos filhos de Israel, um povo que lhe é chegado. Louvai ao Senhor.

Quando a graça se manifesta em nossas vidas, eleva os ânimos e desimpede o caminho.

ᴓ Salmo 149 ᴓ

Exalta a vitória sob toda energia maléfica;
ajuda na superação das dificuldades
e estimula a liberdade.

1 Louvai ao Senhor. Cantai ao Senhor um cântico novo, e o seu louvor na congregação dos santos.

2 Alegre-se Israel naquele que o fez, regozijem-se os filhos de Sião no seu Rei.

3 Louvem o seu nome com danças; cantem-lhe o seu louvor com tamborim e harpa.

4 Porque o Senhor se agrada do seu povo; ornará os mansos com a salvação.

5 Exultem os santos na glória; alegrem-se nas suas camas.

6 Estejam na sua garganta os altos louvores de Deus, e espada de dois fios nas suas mãos,

7 Para tomarem vingança dos gentios, e darem repreensões aos povos;

8 Para prenderem os seus reis com cadeias, e os seus nobres com grilhões de ferro;

9 Para fazerem neles o juízo escrito; esta será a glória de todos os santos. Louvai ao Senhor.

Sou livre e permito que a energia amorosa que
flui através do meu ser aceite as pessoas e as
situações como elas são, aqui e agora.

Salmo 150

Favorece a paz coletiva; estimula o agradecimento e
o reconhecimento de todos os méritos recebidos
e agradece o louvor.

1 Louvai ao Senhor. Louvai a Deus no seu santuário; louvai-o no firmamento do seu poder.

2 Louvai-o pelos seus atos poderosos; louvai-o conforme a excelência da sua grandeza.

3 Louvai-o com o som de trombeta; louvai-o com o saltério e a harpa.

4 Louvai-o com o tamborim e a dança, louvai-o com instrumentos de cordas e com órgãos.

5 Louvai-o com os címbalos sonoros; louvai-o com címbalos altissonantes.

6 Tudo quanto tem fôlego louve ao Senhor. Louvai ao Senhor.

Contemplo e louvo ao infinito Deus de bondade
por todas as graças recebidas.

Glossário dos salmos

Ação de Graças / Gratidão – Salmos: 7; 8; 18; 19; 21; 23; 28; 30; 32; 34; 40; 41; 46; 48; 56; 65; 66; 67; 69; 75; 76; 84; 89; 91; 92; 93; 95; 96; 97; 98; 99; 100; 103; 104; 107; 111; 113; 115; 116; 117; 135; 136; 146; 147; 148; 149 e 150.

Adversidade – Salmos: 3; 4; 9; 27; 29; 31; 34; 37; 46 e 119.

Aflição – Salmos: 3; 4; 18; 20; 22; 23; 24; 25; 31; 69; 70; 71; 72; 88; 91; 107; 116; 142 e 150.

Alegria – Salmos: 4; 5; 16; 21; 28; 30; 32; 33; 42; 47; 51; 68; 92; 94; 98; 118; 119; 126; 128 e 149.

Alívio – Salmos: 4; 10; 13; 42 e 68.

Amizade – Salmos: 12; 38; 55; 68; 97; 112; 117; 119; 122; 133 e 136.

Amor – Salmos: 7; 12; 31; 76; 103 e 111.

Angústia – Salmos: 4; 6; 10; 22; 25; 31; 50; 54; 55; 56; 74; 86; 107; 116; 118; 119; 120 e 142.

Ânimo – Salmos: 27; 36; 63; 102 e 138.

Ansiedade – Salmos: 23; 55; 56; 57; 63; 65; 74 e 77.

Autoconfiança – Salmos: 70; 110 e 112.

Auxílio divino – Salmos: 1; 6; 25; 40; 70; 88 e 146.

Benção – Salmos: 3; 23; 24; 25; 40; 65; 67; 103; 112; 127 e 134.

Bondade – Salmos: 23; 27; 31; 32; 33; 34; 62; 65; 68; 69; 84; 86; 90; 99; 103; 106; 107; 109; 116; 119; 125; 127; 142; 143 e 145.

Caridade – Salmos: 14; 41; 97 e 112.

Compaixão – Salmos: 25; 31; 51; 86; 89; 103; 112; 123 e 145.

Confiança em Deus – Salmos: 7; 9; 18; 20; 22; 23; 27; 37; 56; 84; 90; 91 e 118.

Conflitos – Salmos: 9; 11; 23; 37; 46 e 60.

Conquistas – Salmos: 23; 68; 76; 91; 111 e 112.

Coragem – Salmos: 23; 27; 49; 56; 69 e 138.

Cura – Salmos: 6; 23; 30; 41; 48; 54; 61; 84; 103; 107; 109; 130; 133 e 147.

Decisão – Salmos: 16; 19; 140 e 144.

Depressão – Salmos: 13; 15; 34; 42; 65; 81; 88; 91; 118 e 126.

Desespero – Salmos: 7; 9; 16; 22; 25; 27; 32; 34; 40; 46; 50; 70; 77; 78; 88; 91; 102; 116; 142; 143 e 144.

Desilusão – Salmos: 27; 30; 34; 42; 55; 118 e 142.

Desconfiança – Salmos: 21; 37; 64 e 146.

Discernimento – Salmos: 16; 23; 48; 105; 119 e 125.

Discórdia – Salmos: 21; 31; 46 e 96.

Disputas – Salmos: 23; 35; 80 e 149.

Domínio – Salmos: 8; 18; 24; 105 e 114.

Dúvidas – Salmos: 10; 13; 37; 77; 82; 94 e 146.

Entusiasmo – Salmos: 4; 5; 23; 29; 27; 31; 37; 40; 84; 91; 97; 118; 119; 136 e 138.

Equilíbrio – Salmos: 20; 77; 119; 132 e 143.

Esperança – Salmos: 5; 9; 25; 31; 33; 39; 40; 42; 62; 71; 119; 121; 130 e 146.

Êxito – Salmos: 1; 4; 19; 37; 69; 118; e 134.

Família – Salmos: 87; 93; 103; 118; 127; 128 e 133.

Fidelidade – Salmos: 21; 26; 33; 36; 40; 85; 86; 88; 89; 91; 92; 108; 115; 119; 143; 146 e 149.

Fragilidade – Salmos: 39; 60; 90; 91 e 103.

Fraternidade – Salmos: 33; 45; 71; 122; 132 e 133.

Harmonia – Salmos: 21; 32; 96; 98; 126 e 147.

Honestidade – Salmos: 7; 15; 25; 26; 37; 101 e 112.

Honra – Salmos: 4; 7; 8; 15; 21; 37; 45; 50; 62; 75; 77; 84; 91; 109 e 112.

Humildade – Salmos: 8; 19; 25; 95; 121; 131; 133; 138 e 147.

Igualdade – Salmos: 1; 71; 113; 119 e 133.

Ilusão – Salmos: 33; 37; 48; 115 e 119.

Incentivo – Salmos: 3; 4; 5; 23; 27; 29; 31; 32; 37; 40; 42; 55; 90; 91; 121 e 138.

Julgamento – Salmos: 7; 9; 26; 35; 37; 50; 51; 58; 72; 75; 82; 96; 98; 109; 110; 135 e 143.

Justiça – Salmos: 4; 7; 9; 10; 11; 33; 35; 36; 43; 71; 82; 94; 98; 103; 119 e 140.

Liberdade – Salmos: 31; 34; 68; 71; 79; 97; 119 e 149.

Libertação – Salmos: 8; 10; 18; 31; 34; 38; 42; 119; 142; 144 e 145.

Medo – Salmos: 9; 11; 18; 23; 26; 27; 34; 54; 55; 56; 91 e 112.

Milagre – Salmos: 9; 17; 30; 38; 40; 70; 77; 86 e 139.

Misericórdia – Salmos: 6; 7; 8; 9; 10; 23; 25; 40; 50; 51; 77; 86; 89; 90; 106; 112; 130; 136; 145.

Opressão – Salmos: 9; 12; 31; 42; 44; 52; 54; 55; 58; 68; 69; 72; 73; 107 e 119.

Orgulho – Salmos: 10; 17; 25; 36; 73; 90; 94; 100; 131 e 138.

Otimismo – Salmos: 4; 25; 28; 31; 35; 41; 55; 56; 71; 91; 105; 125; 126; 138.

Paciência – Salmos: 5; 27; 28; 30; 37; 40; 44; 63; 70; 103 e 140.

Paz – Salmos: 4; 8; 9; 10; 11; 29; 34; 38; 42; 46; 72; 93; 119 e 122.

Perdas – Salmos: 9; 10; 18; 23; 30; 34; 40; 46; 48; 55; 61; 73; 94; 119 e 136.

Perdão – Salmos: 25; 32; 50; 51; 79; 86 e 147.

Perfeição – Salmos: 18; 19; 50; 104; 119 e 138.

Perigo – Salmos: 27; 55; 59; 91; 142; 143 e 144.

Perseguição – Salmos: 3; 7; 31; 54; 56; 69; 109; 119 e 142.

Perseverança – Salmos: 18; 32; 33; 37; 37 e 132.

Poder – Salmos: 2; 8; 21; 23; 24; 29; 54; 59; 60; 62; 66; 68; 71; 76; 79; 80; 89; 90; 91; 92; 93; 99; 106; 111; 136; 145; 147; 148 e 150.

Prosperidade – Salmos: 1; 13; 23; 28; 36; 67; 91; 93; 104; 111; 112; 114; 120; 128 e 144.

Proteção – Salmos: 3; 5; 7; 16; 17; 20; 25; 27; 33; 34; 35; 40; 59; 71; 91; 97; 116; 121; 139; 140; 144 e 146.

Prudência – Salmos: 1; 32; 37; 111; 119; 140 e 141.

Realizações – Salmos: 25; 30; 37; 47; 103; 118; 119; 123 e 137.

Reconciliação – Salmos: 21; 97; 85 e 120.

Refúgio – Salmos: 9; 15; 16; 18; 27; 31; 36; 46; 59; 61; 62; 71; 90; 91; 118 e 144.

Revelação – Salmos: 7; 8; 12; 19; 25; 37 e 107.

Sabedoria – Salmos: 1; 5; 16; 25; 27; 32; 37; 48; 49; 73; 90; 104; 119; 143 e 147.

Salvação – Salmos: 3; 18; 37; 62; 74; 91; 96; 98; 116; 118; 119; 132; 146 e 149.

Saúde – Salmos: 6; 23; 29; 30; 41; 44; 61; 54; 84; 92; 103; 107; 109; 126; 130 e 147.

Segurança – Salmos: 4; 5; 12; 16; 27; 28; 46; 91; 94; 116; 121 e 125.

Solidão – Salmos: 4; 10; 17; 22; 23; 25; 27; 34; 62; 68; 73; 124 e 147.

Sucesso – Salmos: 1; 8; 20; 23; 33; 37; 71; 114 e 140.

Súplica – Salmos: 5; 17; 27; 39; 70; 72; 80; 86; 102 e 143.

Vitória – Salmos: 4; 11; 16; 20; 21; 27; 34; 37; 44; 62; 78; 91 e 108.

Bibliografia

Arruda, Biba e Grzich, Mirna. Anjos, *Tudo o que você queria saber*, Editora Três.

Baleki, Paulo. *Salmos para Meditar a Todos os Instantes*, Navegar Editora.

Boff, Leonardo. *O Senhor é meu Pastor*, Editora Vozes.

Buonfiglio, Monica. *Anjos Cabalísticos*, Editora Alfabeto.

_____. *Enciclopédia dos Anjos*, Publifolha.

Café, Sônia. *Meditando com os Anjos*, Editora Pensamento.

_____. *Meditando com os Anjos II*, Editora Pensamento.

Cittadino, Nívea Mallia. *Salmos, Espelhos da Alma*, Editora Elevação.

_____. *Salmos para a Cura*, Editora Elevação.

Druzian, Angela. *A Senda dos Anjos*, Mystic Editora.

_____. *Salmos Angelicais*, Mystic Editora.

Garcia, Elisabete. *Nas Asas dos Anjos – Rituais para a Nova Era*, Berkana Editora.

Mordenti, Giana. *Arcanjos Encanto e Magia*, Madras Editora.

Sciadini, Patricio e Pietro, Agueda. *Um Salmos para cada Dia*, OCD, CM, ED. Loyola.

Taylor, Terry Linn. *Anjos Mensageiros da luz*, Editora Pensamento.

Outras consultas

Bíblia Sagrada – Novo Testamento e Salmos, Edição Pastoral.

Bíblia Sagrada, Edições Paulinas.

Bíblia Sagrada, Editora Vida.

O Livro dos Salmos, Rei David Bem Ishai (tradutores Adolpho Wasserman, Chaim Szwertszarf) – Editora Maayanot Associação Cultural e Beneficente.

Ritual de Magia Divina – Os Salmos de Davi e suas Virtudes, Editora Pensamento.

Salmos, Editora Paulus.

Salmos, Oração do Povo de Deus, Editora São Cristovão.

Outros livros da autora

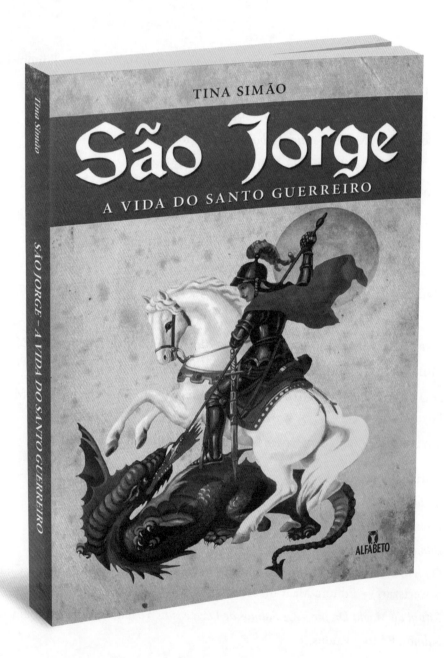

Outros livros da autora

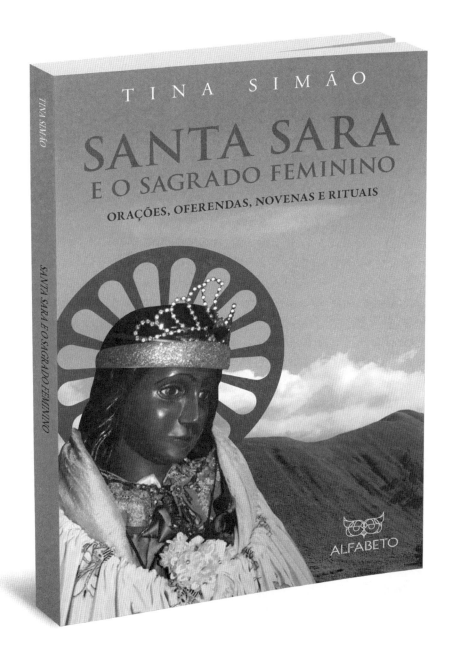

Outros livros da autora